U0613098

全国革命老区县发展史丛书·广东卷

广州市白云区革命老区发展史

广州市白云区革命老区发展史编委会　编

SPM 南方出版传媒·广东人民出版社
·广州·

图书在版编目（CIP）数据

广州市白云区革命老区发展史／广州市白云区革命老区发展史编委
会编. —广州：广东人民出版社，2021.6
（全国革命老区县发展史丛书·广东卷）
ISBN 978-7-218-14779-6

Ⅰ．①广…　Ⅱ．①广…　Ⅲ．①白云区—地方史　Ⅳ．①K296.54

中国版本图书馆 CIP 数据核字（2020）第 250335 号

GUANGZHOU SHI BAIYUN QU GEMINGLAOQU FAZHANSHI
广州市白云区革命老区发展史

广州市白云区革命老区发展史编委会　编　　版权所有　翻印必究

出 版 人：肖风华

责任编辑：曾玉寒
装帧设计：张力平等
责任技编：吴彦斌　周星奎

出版发行：广东人民出版社
地　　址：广州市海珠区新港西路 204 号 2 号楼（邮政编码：510300）
电　　话：(020) 85716809（总编室）
传　　真：(020) 85716872
网　　址：http://www.gdpph.com
印　　刷：广州市浩诚印刷有限公司
开　　本：715mm×995mm　1/16
印　　张：19.5　插　页：10　字　数：250 千
版　　次：2021 年 6 月第 1 版
印　　次：2021 年 6 月第 1 次印刷
定　　价：75.00 元

微信扫描二维码 ◀◀◀
您立即获得本书主要内容/
丛书介绍。

广东省编纂《革命老区县发展史》丛书
指导小组

组　长：陈开枝（广东省老区建设促进会会长）

副组长：林华景（广东省老区建设促进会常务副会长）

　　　　宋宗约（广东省农业农村厅二级巡视员、广东省老区建设促进会副会长）

　　　　刘文炎（广东省老区建设促进会副会长）

　　　　郑木胜（广东省老区建设促进会副会长）

　　　　姚泽源（广东省老区建设促进会副会长兼秘书长）

　　　　谭世勋（广东省老区建设促进会副会长）

　　　　廖纪坤（广东省农业农村厅总经济师）

办公室

主　任：姚泽源（兼）

副主任：韦　浩（广东省农业农村厅扶贫协作与老区建设处处长）

　　　　柯绍华（广东省老区建设促进会副秘书长）

　　　　伍依丽（广东省老区建设促进会副秘书长）

广州市编纂《革命老区县发展史》丛书
指导小组

组　　长：黄小晶（中共广州市委党史文献研究室主任）
副组长：胡巧利（中共广州市委党史文献研究室副主任）
成　　员：周艳红　董泽国

《广州市白云区革命老区发展史》编纂委员会

主　任：张建如（区委常委、组织部部长）

副主任：刘国华（副区长）

委　员：殷宁宁（区委办副主任）

　　　　蒋学刚（区委组织部副部长）

　　　　胡明智（区委宣传部副部长）

　　　　文　宇（区发改局副局长）

　　　　何红霞（区科工商信局总工程师）

　　　　洪雅静（区民政局副局长）

　　　　曾文革（区文广新局副调研员）

　　　　李硕铭（区住建局副局长）

　　　　林创华（区委党校副校长）

　　　　李晓东（区档案局局长）

　　　　黄学东（江高镇副镇长）

　　　　梁冠伦（太和镇党委副书记）

　　　　陈　薇（钟落潭镇党委副书记）

　　　　李　文（永平街党工委副书记）

　　　　黎红梅（同和街党工委副书记）

　　　　熊　越（石井街党工委副书记）

在举国欢庆新中国成立 70 周年前夕，中国老区建设促进会王健会长请我为《全国革命老区县发展史》丛书作序，作为一名在老区战斗过并得到老区人民生死相助的老兵，回首往事，心潮澎湃，感慨万千，深感义不容辞，欣然应允。

中国革命老区，是以毛泽东为代表的中国共产党人在领导人民推翻帝国主义、封建主义和官僚资本主义三座大山，争取民族独立和人民解放伟大斗争中建立的革命根据地，在这片红色的土地上，诞生了无数可歌可泣的革命英雄儿女，为后人树起了一座不朽的丰碑，她是新中国的摇篮，是党和军队的根。

在艰苦卓绝的战争年代，老区人民把自己的命运与中华民族的命运紧紧地联系在一起，与中国共产党和人民军队的命运紧紧地联系在一起，他们生死相依，患难与共。我曾亲历过战争年代，并得到过老区红哥红嫂的救助，切身感受到发生在身边的一幕幕撼天动地的革命故事，在那极其艰难的条件下，老区人民倾其所有、破家支前，不怕艰难困苦，不怕流血牺牲。"最后一碗米送去做军粮，最后一尺布送去做军装，最后一件老棉袄盖在担架上，最后一个亲骨肉送去上战场"，这是当时伟大的老区人民为建立新中国做出巨大牺牲的真实写照，它将永远镌刻在中国共产党、中国人民解放军、中华人民共和国的历史丰碑上。他们的光辉业绩永载史册，他们的革命精神必将影响一代又一代的革命新人，造就一代又一代的民族脊梁。

在社会主义革命和建设时期，革命老区和老区人民响应党的号召，面对落后的面貌、脆弱的经济、恶劣的生态环境，他们本色不变，精神不丢，自力更生，艰苦奋斗，干一行爱一行。始终坚持"革命理想高于天"，自觉做共产主义远大理想的坚定信仰者和忠实实践者，勇于向恶劣的自然环境和贫穷落后宣战，他们在各条战线上为国建功立业，用平凡的双手创造了一个又一个不平凡的奇迹，彰显了老区人的崇高精神和人格力量。

在改革开放的伟大进程中，老区人民解放思想，勇于创新，发奋图强，攻坚克难，老区的经济社会建设取得了辉煌成就。特别是在改变中国的面貌、中华民族的面貌、中国人民的面貌、中国共产党的面貌的伟大实践中发挥了至关重要的作用。老区人民既是改革开放的参与者，也是改革开放的推动者。

艰苦练意志，危难见精神。老区人民在近百年的革命战争、社会主义建设和改革开放的伟大实践中，孕育形成了伟大的老区精神：爱党信党、坚定不移的理想信念；舍生忘死、无私奉献的博大胸怀；不屈不挠、敢于胜利的英雄气概；自强不息、艰苦奋斗的顽强斗志；求真务实、开拓创新的科学态度；鱼水情深、生死相依的光荣传统。这是党和人民宝贵的精神财富、丰厚的政治资源，是凝心聚力、振奋民族精神的重要法宝，也是社会主义核心价值观的重要内容。

中国老区建设促进会怀着强烈的政治责任感和历史使命感，组织全国各地老促会人员克服困难，尽心竭力编纂《全国革命老区县发展史》丛书，记录老区的光辉历史和辉煌成就，传承红色基因，弘扬老区精神，是功在当代、利及千秋的一件大事。手捧这部丛书的部分书稿，读着书中的故事，倍感亲切，深感这部丛书具有资政、育人、存史的社会功能，有着重要的时代和历史价值。它是不忘初心、牢记使命的源头活水，是赞颂共产党、讴歌老区人民的一部精品力作，是弘扬老区精神、传承红色记忆的丰厚载体，是一项继承优秀传统文化、弘扬革命文化、发展社会主义先进文化，坚定"四个自信"的宏大文化工程。它必将成为一种文化品牌，为各界人士了解老区宣传老区支持老区提供一部有价值的研究史料。希望读者朋友们能从中了解并牢记这些为党和民族的利益不断奉献的老区人民，从中得到教益，汲取人生奋斗的精神动力。

新时代赋予新使命，新起点开启新征程。让我们更加紧密地团结在以习近平同志为核心的党中央周围，坚持以习近平新时代中国特色社会主义思想为指导，增强"四个意识"，坚定"四个自信"，做到"两个维护"，弘扬老区精神，铭记苦难辉煌。为实现"两个一百年"奋斗目标，实现中华民族伟大复兴的中国梦作出新的更大的贡献！

遆清田

2019 年 4 月 11 日

2017 年 6 月，中国老区建设促进会组织全国各地老促会启动编纂《全国革命老区县发展史》丛书，按照"建立中国共产党、成立中华人民共和国、推进改革开放和中国特色社会主义事业"三大里程碑的历史脉络，系统书写革命老区百年历史，深入挖掘革命老区红色文化资源，这对于充实丰富中国革命史籍宝库、在新时代传承红色基因、弘扬革命精神、强固根本，对于激励人们在新的历史条件下夺取中国特色社会主义伟大胜利，实现中华民族伟大复兴的中国梦具有重要意义。

从书编纂以习近平新时代中国特色社会主义思想为指导，以《中国共产党历史》《中国共产党的九十年》等重要文献为基本依据，以党的领导为核心，以老区人民为主体，以老区发展为主线，体现历史进程特征，突出时代发展特色，坚持辩证唯物主义和历史唯物主义相统一、历史真实性与内容可读性相统一的原则，书写革命老区从站起来、富起来到强起来的光辉革命史、不懈奋斗史、辉煌成就史，把老区人民的伟大贡献、伟大创造、伟大成就、伟大精神充分展示出来，形成一部具有厚重历史特征和鲜明时代特色的精品力作。这是一部培根铸魂、守正创新，既为历史立言，又为时代服务，字里行间流淌着红色血脉、催生着革命激情的传世之作。丛书的编纂出版将成为讴歌党讴歌人民讴歌时代、传播红色文化、为革命老区和老区人民树碑立传的重要载体。

丛书按照编年体与纪事本末体相结合、以编年体为主的编写体例确定框架结构；运用时经事纬、点面结合的方式记述史实；坚持人事结合、以事带人的原则处理人与事的关系；采取夹叙夹议、叙论结合以叙为主的方法展开内容。做到了史料与史论、历史与现实、政治与学术统一，文献性、学术性、知识性相兼容。

为编纂好《全国革命老区县发展史》丛书，打造红色文化品牌，中国老区建设促进会认真组织积极协调，提出政治立场鲜明、史料真实准确、思想论述深刻、历史维度厚重、时代特色突出、编写体例规范、篇目布局合理、审读把关严格、出版制作精良的编纂出版总要求，力求达到革命史籍精品的精神高度、思想深度、知识广度、语言力度，增强丛书的权威性和社会影响力。各省（区、市）、市（州、盟）、县（市、区、旗）老促会的同志，以强烈的使命感、责任感和紧迫感，勇于担当，积极作为，认真实施，组织由老促会成员、专家学者等参加的十余万人编纂队伍。编纂工作主体责任在县，省、市组织协调、有力指导、审读把关。各方面人员以高度负责的精神和科学严谨的态度，满腔热情地投入工作，为丛书编纂出版做出了重要贡献。丛书编纂工作还得到了党和国家有关部委、地方各级党委政府及有关部门的大力支持和积极参与，社会各界也给予了热情帮助。中共中央政治局原委员、中央军委原副主席、原国务委员兼国防部长迟浩田上将，对老区人民怀有深厚感情，对革命老区建设发展十分关注，欣然为《全国革命老区县发展史》丛书作总序。

丛书由总册和1599部分册（每个革命老区县编纂1部分册）组成，共1600册。鉴于丛书所记述的史实内容多、时间跨度长和编纂时间紧，不妥之处，敬请批评指正。

中国老区建设促进会

● 建设发展新貌 ●

白云新城效果图

北部临空经济区示意图

机场南临空产业区效果图

云山春色（白云山）

飞瀑流彩（云台花园）

帽峰山铜锣湾水库

帽峰山公园

旧人和大桥

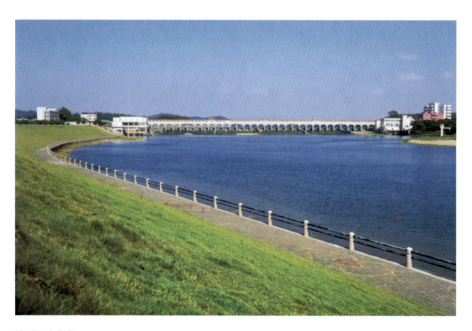

流溪河人和段

1965 年的广州白云国际机场停机坪

旧白云机场

新白云国际机场

新白云国际机场 T2 航站楼

由旧白云机场地块改建的白云万达广场夜景

建设中的九太公路（1988 年）

建成后的九太公路中段

泥屋改造前（2006 年）

泥屋改造后

茶山庄微改造项目安华汇

安华汇城市综合体

广州大道北嘉裕太阳城广场

空港大道

江高茅山村上元公厕外观

江高茅山村上元公厕

太和镇大源村党群文化广场

太和镇大源村沙坑涌碧道

太和镇大源村内环路
口袋公园

太和镇大源村外环路
田心鹅隆体育公园

白云区新时代讲习所

● 革命旧址和纪念设施 ●

三元里人民抗英斗争纪念馆

禺北地区第一个党支部——广东兵工总厂（也称石井兵工厂）支部旧址

东平马市岭自然村解放战争游击根据地旧址——哪吒宫

广州东北郊游击队驻地旧址——穗丰矮嶂自然村

帽峰山游击队重要的活动场所——帽峰古庙

帽峰山游击队驻地旧址——念溪杨公祠

马市岭村禺北游击队根据地旧址——何氏宗祠

同和握山村解放战争游击队根据地旧址——其明何公祠

禺北地区第一个乡级红色政权——太和西罗乡抗日民主政府旧址

广州起义部队谢氏大宗祠宿营地旧址

广州起义部队联升社学宿营地旧址

太和乡抗战殉国同胞纪念碑

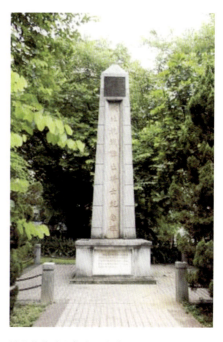

城北抗战阵亡将士纪念碑

禺北民众抗日纪念亭

竹料三烈士纪念碑

良田革命烈士纪念碑

微信扫描二维码
您立即开展本书的
延伸阅读。

1924 年，广州市白云区历史上首个中共党支部——中共广东兵工总厂支部在石井兵工厂艰难起步，工农运动由此发端，在广州北郊蓬勃兴起，呼应席卷全国的国民大革命运动。

1938 年，广州沦陷后，日军企图北进，却在北郊江高一带被一支由民众组成的自卫队挡在了流溪河前，这场可歌可泣的斗争史称"江高之役"。其后，抗日烽火在北郊熊熊燃起。

抗日战争胜利后，中国共产党、中国民主同盟和中国农工民主党等民主革命势力在广州北郊暗暗积蓄力量，从开辟工作据点到组建武装斗争队伍，迎接南下大军解放广州。

白云区的革命斗争历史，是近代史上第一次人民自发的武装抗外战斗——三元里抗英的精神传承，是白云区共产党人艰苦奋斗、勇于奉献、不怕牺牲的初心源泉，更是推动白云区不断向前发展、建设全面小康社会的力量。

从改革开放之初的探路，到进一步深化改革，在广州发展成为国家中心城市的进程中，白云区不断履行新使命，肩负起实现国家中心城市现代化中心城区建设的历史重任。

白云区既有光荣的革命传统，又是改革开放的先行地，在新时期承载着重要的时代使命。"铭记历史，不忘初心"。寻找白云区的红色革命传统，不仅是为了总结昨天的胜利，更是为明天的腾飞发展指明方向。《广州市白云区革命老区发展史》正是秉承着资政、育人、存史的使命感，沿着革命先辈们留下的红色印记，改革先锋们走过的创业历程，从中汲取精神养料，激励今人在新时期牢记责任使命，不断推进社会主义现代化建设。

2020 年 5 月

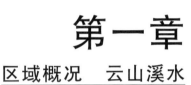

第一章

区域概况　云山溪水

　　白云区是广州市辖 11 个行政区之一，位于广州市老城区的西北面，因境内有白云山风景区而得名，是一个山、水、城、田交融的城区。东邻天河区、黄埔区，西界佛山市南海区，北接花都区、从化区，南连荔湾区、越秀区，面积 795.79 平方千米，2017年末，全区常住人口 257.24 万人，户籍人口 98.92 万人。

　　白云区有着深厚的历史积淀与光荣的革命传统，从三元里抗英到北郊团练抗击英法联军，从"江高之役"到帽峰山下的抗日烽火，都表现出白云区人民英勇无畏的家国情怀。这里还是"岭南三忠"之一的陈子壮、100 位新中国成立以来感动中国人物之一的彭加木、近代著名作家陈残云、粤讴作者招子庸等名人成长的沃土。

区内有三元里抗英旧址、升平社学、石井桥、石门返照、贪泉等众多历史遗址。目前，区内有国家、省、市级文物保护（登记）单位共54个。

多年来，白云区依托中心城区、生态、空港三大优势，"功能布局＋平台＋片区＋专项"① 规划体系不断完善，形成"1358"② 发展思路和"强二优三"③ 产业发展路径，经济社会发展势头良好。

---

① 2013年以来，白云区按照广州市"123"功能布局规划，积极探索新型城市化时期的规划创新，对在编规划进行整合优化，形成了"功能布局＋平台＋片区＋专项"的规划新体系。

② 实现"一个目标"，将白云区建设为国家中心城市和国际大都市的现代化中心城区。充分利用好航空、交通和科技创新"三大枢纽"。构建东部科技创新带、西部科技走廊、南部总部集聚区、北部临空经济区、中部城市中心"五大功能片区"。建设黄金围新一代信息技术和人工智能产业园、神山轨道交通装备产业园、和龙科技创新谷、大田铁路经济产业园、机场南临空产业区、白云新城总部经济集聚区、大健康生物医药产业基地、现代都市消费产业园"八大产业园区"。

③ "强二优三"，即强化第二产业，优化第三产业。

区域概况

白云区扼广州市东、西、北交通出口要道，国内三大枢纽机场之一的广州新白云国际机场和华南地区最大的铁路编组站坐落区内。白云区打造集空运、铁路、陆路、水运"四位一体"的现代联运物流中心，实现"珠三角经济圈一小时"互达，是广州建设国际航空枢纽的主要承载区，是建设"一带一路"节点城市的铁路物流聚集区，是华南地区快速打开国内外市场的首选之地。发达的交通网络和多样化的自然环境，为白云区一、二、三产业的协调发展奠定了坚实的基础。

白云区拥有立体的交通网络。穿越区境的交通网络有京广铁路，广珠、武广高铁和在建的东北外绕线；广清、穗莞深、广佛环城3条城际线；12条高快速路及国道：广清、机场、京珠、环城、北二环等高速和在建的花莞高速；华南、新广从、广花等快速路；105、106、107国道；地铁2号、3号、6号线和在建的8号线北延线、9号线、11号线、14号线。

区境兼具多种地貌地势。东北部是丘陵地区，有白云山风景区和森林覆盖面积高于95%的帽峰山森林公园；西南部为广花平原，田园沃野一望无边；西部是珠江水系，河网交织，流溪河和巴江河流经境内。区内林木茂盛，大小水库山塘遍布，广州最大的人工湖白云湖位于区内，白云湖是具有岭南特色的综合性水利工程，对广州城区气候调节及环境改善起着十分重要的作用。白云区是一个山、水、城、田交融的现代城区，广州的城市地域特色"山、河、湖、海"中，白云区就占了"山、河、湖"三大特色，是广州市自然环境最好的区域之一。

白云大地，人杰地灵，物产丰富。石马桃花是每年羊城花市上主要的桃花品种；山水沙河粉以其薄而透明，韧而爽滑，酸、甜、苦、辣、咸五味俱全而饮誉海内外；江高大田马蹄粉产品雄踞广州市场；东北部丘陵地区出产桂味、糯米糍等优质荔枝；江村黄鸡以其肉质细嫩、羽毛金黄而享誉粤港；还有钟落潭龙眼、黄皮、杧果，江高水沥红葱、韭菜花，人和霸王花，良田肉鸽，大鹏家禽，澳洋彩鲷，竹料马蹄，龙归甜玉米等数不胜数的名土特产和品牌农产品。

白云区是著名的侨乡。据不完全统计，白云区有 32 万名华侨、华人，分布在世界 65 个国家和地区，其中以新加坡、马来西亚、秘鲁、加拿大等国为多，次为新西兰、美国、圭亚那，还有一些散居在欧洲其他国家。另有旅港澳乡亲超过 8 万人。广大华侨港澳同胞情系桑梓，捐资兴办医疗教育，投资办厂，积极支持白云区经济建设。

历史沿革

广州市白云区原为广州市郊区，历史悠久，源远流长。

秦、汉、三国时期，设南海郡番禺县，区境属南海郡番禺县管辖。

隋唐时期，改番禺县为南海县，区境属南海郡南海县管辖。

宋代至清代，广州府城东属番禺县，城西属南海县。其时，区境由这两个县分辖。其中，区境远郊大部分属番禺县，称禺北、禺东；区境西南部属南海县。区境归属番禺县慕德里巡检司、鹿步巡检司，南海县金利司、三江司。

1911 年废广州府，1918 年设广州市政公所，1921 年广州正式建市。1924 年，孙中山以大元帅命令核准广州市区域，东至东圃、车陂，南至黄埔（村），北至白云山脚，西至增埗对河两小岛。至中华人民共和国成立前夕，区境内的近郊农村均属广州市管辖。

1949 年 10 月 14 日，广州解放。10 月 28 日，广州市人民政府正式成立。广州市人民政府于 1949 年 11 月第一次进行市属区域调整，郊区调整为南岸、三元里、沙河、石牌、新洲、沥滘、芳村 7 个行政区。1950 年 7 月，成立郊区办事处，统管城郊 7 个区的日常行政事务。

1951 年 8 月，城郊 7 个区合并为白云、西村、新滘、芳村 4 个区。

1954 年 6 月，将 4 个郊区合并为新滘、白云、黄埔 3 个郊区。同年 10 月，成立中共广州市郊区委员会，领导城郊 3 个区党的工作。

1956 年 4 月 25 日，将白云、黄埔、新滘 3 个城郊行政区合并，正式成立广州市郊区。

1958 年 1 月，番禺县的禺北、禺东地区划入广州市。至此，环抱广州市区的"大郊区"基本形成，面积约 1400 平方千米。同年 8 月，广州市开始组建 12 个人民公社。11 月，成立中共广州市近郊党委、广州市近郊人民委员会，改为县一级机构。

1959 年 3 月，撤销近郊党委和近郊人民委员会，重新恢复原郊区建制。

1959 年 4 月，将南海的海北、龙溪、秀水及平洲公社的海中、海南等大队划归广州郊区鹤洞公社；将南海里水公社的横沙、沙凤划归三元里公社，总计人口 1.61 万人，耕地 2.25 万亩（1500 公顷）。

1960 年 5 月，广州市撤销郊区，原郊区分设为江村、黄埔、芳村、良田 4 个人民公社。同年 7 月，4 个人民公社调整为江村、黄埔、芳村 3 个人民公社，均为区建制。

1962 年 5 月 11 日，将 3 个区级人民公社合并，重新成立广州市郊区，并组成郊区区委、郊区人民委员会。

1965 年 3 月，郊区人和、江村、石龙 3 个公社及江高镇、雅瑶农场划给花县。1967 年 1 月又重新划回郊区。

1973 年 2 月，恢复黄埔区建制，辖地包括原黄埔公社的长洲、茅岗、横沙、下沙、文冲、姬堂、双沙 7 个大队及黄埔港。

1975 年 5 月，从郊区萝岗公社划出南岗、夏元、南湾、沙浦、庙头、笔岗、沧联 7 个大队归黄埔区管辖。

从此，建置与区划也进入一个相对稳定的时期。其时郊区的土地面积为 1295 平方千米，人口 114.22 万人。

1980 年 6 月，广州市郊区革命委员会改为广州市郊区人民政府。

1981 年 6 月，成立矿泉街，辖三元里公社的居民户。

1984 年，公社改为区，大队建乡。郊区设 14 个区公所，243 个乡政府；另外还有 1 个渔业联社。

1985 年 5 月，从广州市郊区划出沙河、东圃 2 个区公所及五山、员村、沙河、车陂 4 条行政街，建立天河区；划出鹤洞区公所和芳村、鹤洞 2 个行政街建立芳村区。郊区的范围缩小。

1986 年 5 月，将广州市郊区辖下的新滘区公所和赤岗街划归海珠区。郊区范围进一步缩小。

1986 年 12 月，广州市郊区撤销区公所，改建为 12 个镇，新设三元里街，连同原有的矿泉街、槎头街，共 3 个行政街；另有 1 个渔业联社。

1987 年 1 月 23 日，广州市郊区更名为广州市白云区，列入广州市城区建制。面积 1042 平方千米。此时，白云区辖 12 个镇、3 个行政街，以及 1 个渔业联社。同年 4 月，将原白云山农场辖下的 5 个行政村及同和、京溪 2 个居民点组建为同和镇。

1988 年 5 月，从三元里街划出广园、景泰、云苑等新居民区，成立景泰街；11 月，从神山镇划出邝家庄、岑境、新村、旧村、三向等自然村，成立雅瑶镇。

1989 年 1 月，从石井镇划出螺涌、松南、松北、河沙、坦尾等地域，成立松洲街。

1994 年 11 月 18 日，从石井镇划出同德村及新建的大型居民区，成立同德街。

1995 年 4 月 14 日，从竹料镇划出良田、白沙、金盆、光明、陈洞、华坑、安平、沙田等行政村，成立良田镇。

2000 年 6 月，从新市镇划出远景、棠溪等村，成立棠景街；划出棠涌、小坪、萧岗等村，成立新景街；划出江夏、陈田等村，成立黄石街。

2001 年 6 月，撤销同和镇，成立同和街、京溪街、永平街。

2001 年 10 月，将石井镇的西郊村、河沙村、坦尾村划出，并入荔湾区。

2002 年 4 月，将新市镇改为嘉禾街，同时撤销新市镇；将石井镇改为石井街，同时撤销石井镇。同年 7 月，从石井街划出槎龙村，并入松洲街；从石井街划出马务村，并入黄石街；从石井街划出小坪村，并入新景街；从嘉禾街划出部分区域，成立均禾街；从石井街划出部分区域，成立金沙街；将萝岗镇的八斗村划入太和镇；将雅瑶镇划出，并入花都区；将蚌湖镇并入人和镇，撤销蚌湖镇。

2003 年 3 月，将萝岗镇改为萝岗街，撤销萝岗镇。6 月 28 日，将新景街更名为新市街。同年 12 月 19 日，将太和镇八斗村划归广州经济技术开发区管理。

2004 年 6 月 7 日，将原江高镇、神山镇合并成江高镇；将原太和镇、龙归镇合并成太和镇；将原钟落潭镇、良田镇、竹料镇、九佛镇合并成钟落潭镇；原人和镇不变。

2005 年 4 月 28 日，将白云区的矿泉街划归越秀区管辖；将白云区的萝岗街，钟落潭镇的九佛、穗北 2 个居民委员会和红卫、凤尾、埔心、蟹庄、枫下、佛塱、燕塘、莲塘、山龙、重岗、黄田、何棠下、迳下、长庚 14 个村划归萝岗区管辖。

2013 年 12 月，白云区设立云城、鹤龙、白云湖、石门 4 个街道。将新市街"一分为二"，增设云城街；将石井街"一拆为三"，增设白云湖街和石门街；将均禾街、嘉禾街"二变为三"，增设鹤龙街。

2014 年 2 月 28 日，新设立的 4 个街道办事处正式挂牌成立。

至 2017 年底，白云区下辖 18 个行政街（三元里街、松洲街、景泰街、黄石街、同德街、棠景街、新市街、同和街、京溪街、永平街、均禾街、嘉禾街、石井街、金沙街、鹤龙街、石门街、白云湖街、云城街），4 个镇（江高镇、人和镇、太和镇、钟落潭镇）；共有社区居民委员会 278 个，村民委员会 118 个。面积 795.79 平方千米。

第三节 自然地理

　　白云区地处北回归线以南，阳光充足，雨量充沛，气候温和，属亚热带海洋性气候，年平均气温为 21.8℃，年均降水量为 1694 毫米，区境兼具多种地貌地势，河网交织，路网发达，白云山等景区风景宜人，"云山叠翠"为羊城八景之首。

　　白云区是广州市自然环境最好的区域之一，也是广州市实施"北优"战略的重要地区。

一、兼具多种地貌地势

　　白云区境兼具多种地貌地势，陡坡低山丘陵地形，主要分布在白云山一带及良田、太和等地的东部；河谷阶地与山前平原台地，主要分布在流溪河竹料段和钟落潭、龙归、新市等地；河流冲积平原，主要分布在三元里至嘉禾地区；珠江三角洲平原，主要分布在区境西南部，包括石井南部、新市东南部及松洲、同德等街道范围。

　　其中，山脉属九连山余脉，从东北向南及向西南伸延，形成区境东北和东部大片丘陵山地，其中有多座海拔 300 米以上的山岭，白云山、帽峰山是其中极具代表性的山脉。

　　白云山位于广州市的东北部，地理位置为东经 113°17′，北纬 23°11′。地形略呈斜长方形，东北西南走向，东西宽约 4 千米，南北长约 7 千米。山体相当宽阔，由 30 多座山峰组成，为广东最高峰九连山的支脉，属岭南丘陵地形，地势中间高，由东北向西南倾斜，全境面积为28平方千米，其中属特别保护范围的面积为20.98平方千米。主峰摩星岭，海拔372.3米，山上可俯瞰广州全城和浩瀚珠江，有"天南第一峰"之称。山体南北走向，山中巨石峥嵘。东部悬崖峭壁；西部坡度较缓，松林茂密，景色宜人。白云山涵盖麓湖、飞鹅岭、三台岭、鸣春谷、柯子岭、摩星岭、明珠楼及荷依岭8个景区，名胜古迹甚多，历代文人多有题咏。自宋代以来，多次被选为羊城八景之一。

帽峰山位于区境东部，北起华坑，南至罗布洞，东至沙田，西至头陂，面积约30平方千米，有30多座大、小山峰。主峰莲花峰，海拔534.9米，是全区最高峰。山上林木郁葱，植被茂密，遍植松、杉、竹。1963年，建有区属帽峰山林场，专管山上林木，经营面积28平方千米。另外，始建于1997年的帽峰山森林公园，在2001年经省林业局批准为省级森林公园。公园内宽阔的山体被良好的植被所覆盖，形成丰富水资源，沟溪众多，清澈的山水终年不断，全园水面积达3012亩（200.8公顷）以上。园内有铜锣湾水库415亩（28公顷）、和龙水库1310亩（87公顷）、沙田水库537亩（35.8公顷），如三颗闪亮的明珠镶嵌在公园的中部、东部及西南部，为开发森林旅游提供了优越的自然景观。

二、河网密布，水资源丰富

白云区境内的河流属珠江水系。因受地势影响，河流多从东北流向西南，从东流向西或从北流向南，分别流入珠江、白坭河、流溪河，也有少数经天河区流入东江。主要河流有流溪河、白坭河、珠江（西航道）以及南岗河等。

流溪河发源于从化桂峰山，因由众多溪流涧水汇集成而得名。干流长157千米，集水面积2300平方千米。从白云区东北部钟落潭涩湖村入境，流经黎家塘、长沙埔、钟落潭、龙岗、竹料寮采、米岗、龙塘、虎塘、人和高增、鸦湖、秀水、蚌湖南方、清河、新市石马、石井唐阁、龙湖、滘心、南岗等村，至鸦岗村附近三江口与白坭河汇合流入珠江西航道。白云区境内干流长 50 千米，集水面积 529 平方千米。自中华人民共和国成立以来，流溪河干、支流均已进行开发利用，上游从化、花都境内，建有中、小型水库多个，拦河坝多座，用以调节流量。白云区建成人和拦河坝，引水流量 2 立方米/秒，设计灌溉面积 2 万亩（1333 公顷）。并在各支流上建成新陂、白汾、南塘、沙田、铜锣湾、和龙、梅窖、大源、红路、磨刀坑等水库，库容共 4303 万立方米，控制集雨面积 59.8 平方千米。

白坭河又称巴江河，发源于花都区天堂顶，于洲咀口汇合新街河流入白云区。经神山、江高至鸦岗附近三江口汇合流溪河，流入珠江西航道。干流长 53 千米（区境内河段长约 10 千米），集水面积 788 平方千米（区境内集水面积 529 平方千米）。主要支流有芦苞涌、西南涌（在佛山市三水区境内）、国泰河（在广州市花都区境内），上游与北江相通。白坭河是北江洪水下泄的主要

白坭河

通道，每年汛期，对神山、江高、石井、新市等地区有很大威胁。另一支流新街河发源于花都福源（梯顶大坑），下游从雅瑶村北流入白云区，经大岭、罗溪、南浦至洲咀口流入白坭河。干流长43.4千米，集水面积425平方千米。白云区境内河段长10千米，集水面积18平方千米。

广州市境内珠江干流长52千米（以前航道计），白云区境内河段长16千米，境内集水面积129.704平方千米。珠江在区内的主要支流有石井河、新市涌。

南岗河发源于萝岗木岭，经长平、水西、罗岗、火村等村流入黄埔区，至南岗口流入东江。全长27千米，集水面积145平方千米。在白云区境内河段称河橹，长16千米，集水面积97平方千米。上游建有水库，库容816万立方米，控制集水面积7.6平方千米。

此外，广州市目前最大的人工湖白云湖坐落区内，该湖占地面积2.07平方千米，水面面积1.057平方千米，超过广州的东

白云湖

山、荔湾、流花、麓湖四大人工湖的面积总和。还有市政府建设的另一更大的人工湖白海面湖也规划在白云区境内，该湖水面面积达4.5平方千米。

三、风景秀丽，常驻羊城八景

据史书记载，广州自宋代开始就有羊城八景的评选，此后评选羊城八景成了传统，历代相沿，从不间断。

自然条件不断变迁，时代不断发展，地方风景呈现出不同的风采，羊城八景逐年变化，白云区的湖光山色始终闪耀其中。

宋代羊城八景，白云区占其三：石门返照、蒲涧濂泉、菊湖云影。

"石门返照"景在白云区石井街石门村，为广州的千年胜景，历来都是游览胜地，现今仍是著名旅游点。这里是古代进入广州的门户，南北往来之要冲。石门的出名与晋代广州刺史吴隐之石门沉香的故事和作贪泉诗有很大的关系。今仍存贪泉碑和水月岩

石门返照

等遗址、古迹。这对于现今的反腐倡廉教育也很有意义，正如宋代古成之《贪泉》诗云："贤良知足辱，为尔戒贪名。一酌不能惑，千年依旧清。"

"蒲涧濂泉"景是当年苏东坡到南方任职，途经羊城时，游览了白云山蒲涧寺并留下墨宝，其一《蒲涧寺》诗中有云："千章古木临无地，百尺飞涛泻漏天。"蒲涧寺建于唐代宝历二年（826年），是白云山历史最悠久的寺院，它位于蒲涧上游，寺前是仙医郑安期（秦汉期间燕齐著名方士）的炼丹处，此处涧水如帘，飞流百尺，两壁奇石林立，绿树葱郁，恍如人间仙境。

"菊湖云影"景中的菊湖，在宋代是广州北郊的一个湖泊。据屈大均著的《广东新语》记载："白云山中有菖蒲涧，沿涧而南为文溪，为上、下二塘，至粤秀山麓则分流为二，左曰菊湖，右曰越溪。"根据核实，上、下塘即现在上塘村和下塘村，菊湖应在上、下塘的文溪下游，即今小北大石街的附近一带洼地。

又据《广东新语》记录："又会东溪水，至此山下，为甘溪……唐节度使卢均，常疏浚以通舟……又筑堤百丈，潴水给田，建亭榭其上，列植木棉、刺桐诸树，花敷殷艳，十里相望如火。"随着岁月流逝，大约在明代，菊湖已经淤塞了。后来建起楼房，成为市区一部分，连遗迹也已难寻觅了。

元代羊城八景，白云区占其三：石门返照、蒲涧濂泉、景泰僧归。

"景泰僧归"景在白云山西麓景泰坑，这里曾有个景泰寺。据传，南朝梁时有个景泰禅师，原来住在罗浮山上，他崇尚佛学，广州刺史就把他请到白云山来建寺供佛。但山上缺水，景泰禅师踏遍白云山，终于在景泰这地方找到一处福地，便用禅杖点出泉水，因名景泰泉，在这里建了一个庙宇，称为景泰寺，景泰泉水流成的坑便叫景泰坑。当时景泰坑一带，流水淙淙，树木浓荫。

景泰寺建在半山，每当黄昏时候，外出化缘的僧人三五结伴而归，景色十分秀丽。

1963 年羊城八景，白云区占其一：白云松涛。

"白云松涛"景在白云山摩星岭至明珠楼一带的林海。在明珠楼景区有一黄腊石刻有曾任国家副主席董必武手书的"白云松涛"四个大字。

2011 年 5 月 18 日，新羊城八景正式发布，白云山的核心景区"云山叠翠"为新羊城八景之首。"云山叠翠"景为白云山风景区绵延叠嶂的 30 多座山峰，其间包括历来羊城八景中的蒲涧濂泉、白云晚望、景泰僧归、白云松涛等。

白云山天赋地灵人杰，富蕴了羊城千年气韵，经过千年精雕细琢，漫山遍野树木葱茏，绿化覆盖率高达 95% 以上，如今是广州赫赫有名的城市"绿肺"，也是南中国核心城区唯一的国家 5A 级风景名胜景区。

革命老区镇、村评划情况

1990 年，根据广东省革命斗争实际情况，省人民政府同意开展评划解放战争游击根据地和确定老区乡镇、老区县工作。

为切实做好这项工作，按照民政部办公厅相关文件和省政府办公厅《关于评划解放战争游击根据地和确认老区乡镇、老区县问题的复函》中的解放战争游击根据地标准，在解放战争时期（即 1945 年 8 月至 1949 年 9 月 30 日），具备建立党的组织，组织农民协会（简称"农会"）、民兵组织，建立人民政权，发动群众参军参战这四个条件，并坚持一年以上的地区，可被评划为解放战争游击根据地。

1993 年，根据广州市革命老根据地建设委员会办公室《关于评划解放战争游击区和补划抗日战争根据地村庄的通知》，白云区新市镇新科村的上、下新科村，同和镇东平村的马市岭自然村被评划为解放战争游击区（老区）。1996 年 11 月，补评同和镇的同和村握山自然村为解放战争时期游击根据地。

一、上、下新科村

新科村又名新村，位于嘉禾街东北部，距街道办事处 1.3 千米，距市中心 10 千米，北接长湴，西南邻科甲，东到永平。新村始建于明孝宗弘治八年（1495 年），距今已有 520 多年。开基祖越元杰公在明孝宗弘治八年自广东南雄珠玑巷辗转迁徙到当时的

新村航拍图

广州府禺北创立新村，清乾隆四十五年（1780 年）永裕、应举、星照、恒敬、朝进等越氏诸公先贤东迁创立上新村，新村从此有了上、下新村之分，但同为新村。

新村解放战争时期革命根据地纪念碑

新村是解放战争时期革命根据地，解放战争期间新村先后建立起了农会、武装起义委员会、武工队、民兵组织及妇女会。在上级禺北党委的领导下开展斗争工作，建立统一战线，配合广州东北郊游击大队打击敌伪政权，为夺取解放战争的胜利做出了贡献。

二、握山村

握山村，位于同和街中部，同和街道办事处所在地。村庄始建年代不详，在何氏族人迁来之前，已有丁氏族人在此居住。因村落背靠白云山孖髻岭，地形险要，握白云山通途而取名握山村。何氏始祖其明公于清雍正三年（1725年）从紫金县清溪白石村迁至该地，生活非常艰辛清贫，筑室简陋而居，远看形似"白鸽窦"，故历史上称为白鸽窦村。又因握山以何氏村民居多，故又称为何屋村。

握山村貌

1937 年春夏之间，司徒卫中、梅日新、王鸾凤、潘日荣、黄志深等 10 多位同志，前往握山村开展扫盲和宣传抗日救亡工作，动员村民参加广州抗日青年团。1947 年初，中共番禺县委派出李汉光、陈红娇、吕任远、黎荣民以教师的身份，以其明何公祠为学校根据地，组建广州东北郊游击队第三区队，握山村有 16 名热血青年参加了游击队。他们在中共地下党组织的领导下，建立了交通情报站，为党组织和游击队筹集经费和物资，传递情报等。广州解放前夕，同和成立禺东人民解放委员会，村中青年游击队员何甘棠就任广州禺东人民解放委员会副主席，他们在维护地方秩序、发动群众支援前线、迎接广州解放战争中做出了重大的贡献。

三、马市岭村

马市岭村，位于永平街道东北部，距街道办事处约 2 千米，村域占地约 0.07 平方千米。村庄始建于明清年间，据村中长者讲述，何氏先祖太郎公原籍广东五华蕉岭，其后裔在清代迁于该地，逐渐形成以何姓为主要姓氏的马市岭村落，因村后有一小山岗，军人和其他商人途经此地时都在此歇脚、放马，故称"马屎岭村"，后改称为马市岭村。又因何姓为大姓，故又称何屋村、江坂屋村。

该村历来是禺北地区中共游击队活跃的地区之一。1937 年春夏之间，中国共产党为了把抗日民族统一战线的建设工作深入农村，指派周伯尧、何秋林在东平马市岭自然村建立地下党支部。同时，中国农工民主党以司徒卫中、梅日新、张建中为负责人，也在该村建立了农工民主党支部。两党共同组建起抗日游击队，由李汉光任队长，周伯尧、梅日新任副队长，以哪吒宫为秘密联络指挥部，组织发动广大群众参加抗日工作，维护当地社会治安，搜集敌人情报，领导当地人民开展反征粮、反征兵、反征税、反汉奸、反土匪恶霸、反剥削压迫等斗争。抗日战争胜利以后，中共地下党组织在该地区坚持斗争，到1949年，组建了广州东北郊人民游击队，在配合南下大军解放广州和接管番禺市桥等斗争中做出了积极的贡献。1993年，广州市政府确认东平马市岭自然村为解放战争游击根据地。

马市岭村全貌

　　马市岭村现存宗祠一座，为何氏宗祠，该建筑也是解放战争游击队根据地旧址。何氏宗祠始建于清代，坐东朝西，三间三进，2013年将原有建筑拆除重建。1938—1949年，中共地下党组织把马市岭作为游击队交通联络点和活动基地，建立地下党支部，以马市岭小学（何氏宗祠）为阵地，地下党员以教师身份作为掩护，发展了该村10位同志入党，领导群众保护革命力量，搜集敌军情报，发展反征粮、反征税、反土匪恶霸等斗争，在抗战和迎接南下大军解放广州等革命斗争中做出了贡献。目前该址是区登记保护文物单位。

哪吒宫，又称哪吒庙，建于清乾隆年间，1927年重建，其后几经修葺。坐东北朝西南，三路两进，建筑占地面积218.59平方米。硬山顶，灰塑平脊鳌鱼装饰，碌灰筒瓦，封檐板雕有花鸟图案。庙内右边墙上镶嵌一石碑，刻《创建哪吒宫碑记》，庙内供有哪吒神像。目前该址是区登记保护文物单位。

中华人民共和国成立后，党和政府对革命老区建设十分重视。1961年，经省、市政府批准，分两次拨款7万元，新建住房38间，解决了当地村民的住房困难。据1990年不完全统计，省、市、区各级政府和有关部门共无偿拨款超过52万元、垫息贷款超过11万元，支持老区发展生产和进行公益事业建设。1995年，下拨老区建设经费14.5万元、垫息贷款10.5万元。至1995年，全区各革命老区镇、村已户户通电、村村通汽车，人人住上了砖瓦房，人民群众的生活水平有了较大的提高。

1996—2000年，按照省"治标先治本"的要求，从基础设施建设抓起，重点解决革命老区镇、村的交通、通信、水电供应难的问题。

1996年以来，投资167万元为革命老区镇、村修建公路5.5千米，投资15.2万元为部分条件差的老区村安装了8部电话。

1997年和1998年两年，在市的大力支持下，先后投资127.8万元，为革命老区镇、村新增和更换变压器共5台，更换高、低压线路73.5千米，基本解决革命老区镇、村用电难的问题。

1998—1999年，在市、区两级有关部门的支持下，共投资45万元为部分老区村庄安装自来水管，共解决1448人的饮水问题。

1996—2000年，全区为解决革命老区镇、村的交通、通信、水、电等实际困难，共投资355万元。据1999年底统计，全区革命老区的工农业总产值超过1000万元，年人均收入约4029元。

第二章

革命底色　星火燎原

　　白云区人民素有爱国爱乡、团结御侮的革命传统，三元里人民抗英斗争是中国近代史上第一次由人民自发的武装反抗外国侵略的战斗，揭开了中国近代史上大规模反抗外来侵略斗争的序幕。清道光二十二年（1842 年），即三元里抗英斗争之后第二年，举人李芳在石井建立升平社学，捐资办团练进行自卫。清咸丰七年（1857 年），英法侵略军占领广州后，东路的东平公社成立，与升平社学互为犄角，使广州北郊成为广州地区社学团练的中心。

　　从反帝反封建斗争到星火燎原的红色华章，向往光明、自由，敢为人先的革命传统始终是白云区人民的精神底色。

　　1924 年，石井兵工厂建立了禺北地区第一个党支部，为轰轰烈烈的工人运动开展建立了堡垒，也揭开了郊区人民的红色革命序幕。

永不褪色的红色记忆

　　1921 年中国共产党创建后，第一次国内革命战争期间，孙中山实行"联俄、联共、扶助农工"三大政策，进行第一次国共合作。共产党员以个人身份参加国民党，并在国民党不少中央机构中担任要职，以国民党的名义开展工农革命群众运动。广州是当时全国革命活动中心，农民运动特派员经常深入广州郊区指导工农运动和武装斗争，组织工会、农会，发展党、团员，建立共产党的基层组织。郊区是当时中共党组织的群众运动先驱地方之一。

　　石井兵工厂党支部正是在这样的时代背景下应运而生的。

　　石井兵工厂的成立时间可追溯至清光绪十三年（1887 年），当时的清政府两广总督张之洞在广东制造局的基础上设立了石井西局，又称石井兵工厂。清光绪三十三年（1907 年）六月，清政府扩充旧厂成立制造军械厂，后改名广东兵工厂，是华南地区最大的军火工厂。它曾率先在全国仿制德国步枪，鼎盛时，可制造

石井兵工厂旧址

机关枪和大炮。

石井兵工厂在广东近代史上有重要的地位，张之洞、孙中山、宋庆龄、毛泽东、周恩来、叶剑英、蒋介石、廖仲恺、何香凝、陈延年等这些名人都曾经涉足此地。

由于兵工厂的重要地位，各方势力都对它垂涎三尺，在民国时期，兵工厂就长期被桂、滇、粤系把持，国民政府也努力对其施以控制。

中共党组织也高度重视石井兵工厂，大革命期间，兵工厂有2000多名工人，是北郊地区第一代产业工人，也是共产党成立党组织的阶级基础。

一、从秘密"十人团"到党支部

1923年，中共广东区委派党员罗绮园、彭粤生等到石井兵工厂开展工作，在工人中宣传共产主义，开办青年工人艺徒补习学校和工人夜校。党员们向工人讲授社会进化论、马克思传略、三民主义等课程，提高工人的阶级觉悟。中共中央驻粤委员谭平山与党员们密切联系，广泛接触、培养工人中的骨干分子。

同年底，党员杨殷也来到了兵工厂工作，他首先改造了兵工厂原有的"研艺小隐"团体（工人自发性的娱乐组织），从中吸收了一些先进分子，发展成党领导下的工人秘密组织"十人团"，组织工人俱乐部，并发展了团员罗珠、陈日祥、罗俊、冯端、张桥、郑沃等人。

1924年，上述团员和工人梁芳、屈锐一起，在谭平山的主持下加入中国共产党，这是白云区最早的一批党员。与此同时，兵工厂党支部也正式成立，由中共广东区委直接领导，这是禺北地区第一个党支部，也是白云区历史上第一个党组织。

1926年2月，罗绮园调离石井兵工厂，谭天度接任党支部书记，他的公开身份是兵工厂训育部主任。同年 8—9 月，兵工厂训育部被撤销，谭天度调离兵工厂，周文雍接任书记，在他的领导下兵工厂工人继续进行斗争。

二、工人斗争的胜利："倒马""驱夏"

党支部领导工人进行斗争的第一个胜利是"倒马"。

当时，党把"研艺小隐"团体发展扩大为"机工剧社"，吸收更多的工人参加组织内的活动。剧社要求成立工会，时任兵工厂厂长马超俊反对成立工会。党在剧社的基础上，成立了工人俱乐部。有了这个组织之后，工人干的第一件大事，就是推倒厂长马超俊。

马超俊贪婪恶毒，残酷剥削和压迫工人，对童工的剥削与压迫尤其残忍，他还利用手中权力，把厂里的次品军械偷偷地盗卖给土匪，从中谋取暴利、发横财。工人们对马超俊早就恨之入骨，在党的领导下，工人群起罢工。马超俊虽然扣下了 3 名工人代表，但并不能打压工人运动。1924 年秋，马超俊最终被撤掉了厂长职务，工人"倒马"获得了胜利。

1925 年，党再一次领导工人掀起罢工工潮，要求增加工资，改善生活待遇。滇军总司令杨希闵的部下、兵工厂管理委员会委员长夏声千方百计地破坏罢工。经过 40 多天的斗争，工人们在各方的支持下驱逐了夏声。同年 7 月，工厂答应了工人的条件，罢工取得胜利。

三、旧址不复，记忆犹新

1927 年上半年后期，由于国民党右派势力盘踞在兵工厂，一些中共党员骨干或被开除，或被调离，但是党的工作仍有基础。在广州起义前夕，兵工厂的工人秘密制造了 1000 多支梭镖，为起义军提供武器。

在大革命时期，孙中山曾携夫人宋庆龄到石井兵工厂视察。黄埔军校成立后，石井兵工厂为黄埔军校提供枪支。农民运动讲习所开办后，石井兵工厂一度成为讲习所学员军事训练的基地。毛泽东、周恩来亲自率学员到石井兵工厂进行实弹射击和军事演习。周恩来还亲手栽下了一棵榕树，至今郁郁葱葱。

石井兵工厂党支部的党员后来均成为党组织的骨干力量。党员陈式熹、彭刚侠到了鹤山县，创建该县第一个党支部。党员罗珠被选为中共五大代表。党员陈日长先后介绍罗登贤、陈郁、冯燊等人加入中国共产党（罗后来当选为中共中央政治局委员，陈、冯二人后来分别出任过广东省正、副省长）。部分党员还参加了广州起义武装斗争。

1938 年 10 月，广州沦陷，石井兵工厂成为日军驻扎的兵营。解放战争时期，石井兵工厂成为国民党军队的修械所。中华人民共和国成立后，石井兵工厂的旧址被建成颇具规模的海军鱼雷仓库。1977 年，上级党委在海军鱼雷仓库旧址的基础上创建了海军第二水面舰艇学校，也就是原广州海军舰艇学院的前身。

现在，石井兵工厂的旧址已不存。但是，石井兵工厂党支部为革命胜利做出的重要贡献始终被铭记，成为延续至新时代永不褪色的红色记忆。

2018 年 6 月，由白云湖街、广州市水务局白云湖管理处联建的白云区新时代讲习所，在白云湖景区内正式揭牌成立。新时代讲习所的成立，正源于石井兵工厂党支部这一珍贵红色资源，讲习所通过图文形式，展示了石井兵工厂的成立、白云区历史上第一个中共党支部艰难起步及发展的历程，将传统革命精神与习近平新时代中国特色社会主义思想相结合，让广大党员干部群众从历史中深刻感悟共产党人的初心，从红色文化中汲取丰厚的养料。

第一节 工农运动星火的蓬勃之势

随着农民运动的兴起，郊区更多的农会骨干被发展为党员，在中共党组织的领导下，市郊工农运动蓬勃发展，乡村农会获得大发展：截至 1926 年上半年，市郊成立区一级农会 4 个、乡农会66 个，而且大多数农会都组织了农民自卫军（简称"农军"）。农民运动在政治、经济斗争中震动了全社会，军事斗争战功赫赫。

一、成立中共聚龙村党支部

1926 年 9 月，在农民运动特派员罗亨、原基、王岳峰等人的组织和指导下，成立广州市郊第四区聚龙村农民协会。同年 10月，林成佑被选派到芳村谢家祠参加农民自卫军模范训练班学习3 个月；11 月，林蚊水、林福泉被派去番禺学宫参加广东省农民协会农民训练班学习 1 个月。他们 3 人均在学习班中入党。回村后，组成党支部，由林蚊水任书记。支部推动周围村庄建立农会，组织农军。林成佑还率领聚龙、横滘、田心、上埗、鹅掌坦等村农军参加广州起义战斗。1928 年春，林成佑、林蚊棠、林妹等被害之后，党支部停止活动。

二、平定杨（希闵）刘（震寰）叛乱

孙中山逝世不到 2 个月，驻守在广东的滇、桂军阀杨希闵、刘震寰自恃驱逐陈炯明有功，拥兵自重，勾结北方及云南军阀，于 1925 年 6 月 5 日公开发动叛乱。他们在广州市大肆抢劫，并占领省长公署、财政部等机关，妄图推翻革命政府。在此危急关头，中共广东区委和国民党左派廖仲恺等促请广州革命政府采取果断措施，任命黄埔军校校长蒋介石为总指挥，率领革命军、广州工团军、农军共 5 万人，分三路进剿叛军。

6 月 10 日，建国湘军第七、第八团南下抵达人和圩，第三、第四、第五团尾随，击溃叛军后渡过流溪河，11 日抵达太和圩，12 日早上搜索到石井，因见石井兵工厂竖着一面青天白日旗，湘军误认为石井兵工厂已在友军手中，于是登上圩镇边的小山。岂料刚到山下，叛军即用机关枪扫射，湘军牺牲了数十人，便迅速向铁路撤退。叛军正准备追击，幸得粤军及时赶来助战。战斗持续到下午 4 时，湘军开炮掩护第七团发起冲锋，至下午 5 时半，夺取石井兵工厂。接着扫除由江村南岸后撤到石井的桂军第三师及滇军第二、第六师残部。此役缴获步枪 3000 余支、大炮 2 门、机关枪 4 挺，俘虏桂军师长陈天太及部下 5000 余人。战斗中蚌湖、夏茅与从北江南下的农民全力襄助湘军、粤军，将弹药、粮食、茶水等源源不断送往前线。

6 月 11 日，中央直辖第四军第一师第二旅陈济棠部由西江抵达新街（原广东花县）。驻守新街的桂军连夜退至江村车站，控制了铁路大桥南岸。12 日下午 3 时，陈旅第三团徐景唐部从江村北岸进攻叛军，双方激战。后来，第三团转从蚌湖渡过流溪河，在夏茅与桂军接战。徐景唐部勇猛冲锋前进，桂军节节败退，在石马村边，徐景唐部击毙桂军警卫团团长刘震华。桂军纷纷弃械而逃，残余部分退上白云山，或向西北方向逃窜。第三团缴获步枪 700 余支。

6 月 12 日，东路叛军在火炉山、三宝圩吃了败仗，一路退至瘦狗岭，另一路退至白云山负隅顽抗。经过激烈战斗，上午 10 时粤军冲向山顶，将白云山完全占领。此役击伤滇军旅长朱淮。瘦狗岭、白云山之战共缴获步枪 2500 余支、机关枪数十挺、大炮 10 门，俘虏 1800 余人。

6 月 14 日上午 10 时，由于铁路不通而迟到的叛军 3000 多人，从东江赶到省城救援杨、刘。他们企图偷袭下塘东得胜炮台，被守卫炮台的黄埔军校学生发觉，立即还击，后被粤军第一旅追到三元里、萧岗一带，俘虏叛军旅长罗廷标以下 2400 余人，缴获步枪 300 余支、机关枪 8 挺、大炮 2 门。杨、刘二人见大势已去，于 12 日下午逃入沙面租界，后转香港。同日蒋介石出任广州卫成司令。14 日消灭杨、刘的援军后，平定杨、刘叛乱宣告结束。

第三章

武装北郊　斗争不息

　　1927—1937 年，国民大革命兴起，民主的火焰自南向北燃烧着中华大地。北郊热爱自由的工农群众与广大同胞一起投入民主革命的热潮之中，成立农民协会支援广州起义，组建中国工农红军第四师……一个个革命团体组织在广州北郊涌现，在近代革命史上留下了浓墨重彩的一笔。

第一节 广州起义中的北郊烈士

广州市北郊在中国近代民主革命浪潮中，具有重要的代表性意义。自 1924 年第一个农村党支部在广州市北郊建立，北郊的民主革命浪潮从初起走向高涨，并在广州起义中发挥了重要作用。

一、第一个农村党支部的成立

1924 年 7 月 28 日，广州市郊农民中的先进分子在中共中央政治局成员谭平山、农民运动讲习所主任彭湃的指导下，成立了广州市郊农民协会。在市郊农会委员长吴其伟、委员杨林康等 7 人的领导下，市郊农民参加了平定商团叛乱，东征陈炯明，平定滇、桂军阀武装叛乱，北伐战争等重大军事战斗。农会还投身争取选举市长的权利，减租抗税，反对护沙费、禾更费等苛捐杂税的斗争，为争取农民的基本生存权益做了大量工作。当时市郊农会驻地在东皋大道一号省农会内，下辖 5 个区农会。

广州市郊第五区农民协会成立于 1925 年 10 月，领导黄花岗、永泰、京溪、同和、沙河等乡农会。此外，白鸽窦、握山、榕树头、蟛蜞石、白水塘等村也设有农会组织。当年，市郊各乡参加农会的农民超过 1 万人。

1926 年 3 月、4 月间，参加省港大罢工的海员工人杜建耀、杜伟民等以探亲的名义，到石井聚龙村（今属松洲街槎龙村）宣传农民运动。同年 9 月，成立广州市郊第四区聚龙村农民协会。

1927 年初，聚龙村党支部成立，这是白云区历史上第一个农村党支部，也是整个禺东禺北的第一个农村党支部。1927 年 8 月，农民运动特派员黄谦等到石井聚龙村发动农民组织农会，有 160 人参加农会，农会委员长为林蚊棠，委员有林成佑等 4 人。

二、"帮助农民兄弟打大仗"

1927 年，在中国共产党的领导下，广州工人、农民和革命士兵举行反抗国民党反动派的武装起义，史称广州起义。12 月 11 日清晨，观音山（即今越秀山）这个全城的制高点为起义军所控制，6 时，广东省会公安局屋顶上竖起了绣着锤头镰刀的大旗，大门口悬挂着"广州苏维埃政府"的横额。12 日早晨，反革命势力调集兵力向广州反扑，起义军与敌军在观音山进行了激烈的争夺。13 日凌晨，守卫在观音山的仅有教导团炮兵连第三排和部分工人赤卫队，在十多倍敌人的猛烈攻击下，坚守阵地作殊死战斗。经过了 3 天英勇顽强的战斗，广州起义最终因敌我力量对比悬殊而失败了。敌人在广州屠杀了起义军民 5700 多人，部分烈士遗骸丛葬于红花岗（今中山三路）。

这次起义事件是中国共产党和中国人民继南昌起义、湘赣边界秋收起义之后，对国民党反动派的又一次英勇反击，是在城市建立苏维埃政权的大胆尝试，在国内外都引起了很大的震动，在中国革命史上谱写了光辉的篇章。

在广州起义期间，广州市郊农民协会纷纷支援，为起义的举行奠定了良好的基础和条件。1926 年，广州市郊农民运动蓬勃发展，聚龙村也顺势成立了农会，全村有 100 多人参加，这当中就包括年轻的林成佑。1927 年 4 月中旬，国民党实行反革命"清党"，槎头民团头子黄康带领民团 50 多人会同石井兵工厂黄色工会头目何仲连纠合 100 多人分头从槎头、横滘两地出发，洗劫聚龙村。事发前一夜,聚龙村的农军中队长林成佑获知消息,即通知农会会员及青壮年及早走避,因此民团流氓等入村时抓不到人,但各家各户的粮食、农具、衣物等却被洗劫一空。

1927年12月广州起义前夕,林成佑便与上埗村党员杨励盘到芳村裕安围秘密参加枪弹武器的制作。12月10日,林成佑把聚龙村农军同闻讯赶来的青年共36人集中起来,与广州市郊第四区农军会合,共300多人准备参加广州起义。他对大家说:"现在去横滘帮助农民兄弟打大仗。"到达横滘后,做战前动员,他说:"这次参加暴动,怕死的不要去。到广州不准私自拿东西,要服从领导分配。"并给每个人发一条红带扎在手臂,作为标记。

郊区农军为广州工人赤卫队第六联队统率,被分配到司后街(今越华路)守卫省府公署。林成佑从东较场军械库领来一车枪支弹药分发给队员。11日,有一批敌人从观音山压下来,先头部队接近吉祥街,农军正在吃饭,立即放下饭碗迎敌,后来配合教导团、工人赤卫队把敌人赶出观音山。午后,林成佑等参加搜捕并镇压土豪劣绅。12日上午,林成佑在西瓜园广场参加庆祝广州苏维埃政府成立大会。散会后,国民党军队兵分几路围攻广州。林成佑与聚龙村农军一起奉命守卫长堤一带。13日,广州全城已被敌人包围。聚龙村农军便同铁路工人、手车夫工人、外地农军等边打边退出广州。最后,聚龙村农军被打散了,林成佑等后来陆续回归村里。

广州起义失败后,槎头民团头子黄康带领100多人再次洗劫聚龙村,聚龙村变成一片废墟,农民无家可归流浪各地。在这极端困难的时刻,林成佑等农军战士并未被敌人吓倒,农会成员依然相互鼓励不要气馁。1928年2月,林成佑等人被国民党反动派杀害,直至牺牲前他仍然在高喊:"共产党是杀不绝的,打死我一个,还有千万个……"林成佑英勇就义时年仅27岁。广州起义已经过去 90 多年，林成佑的故事还在槎龙人的口中传诵着，他的革命精神影响着一代又一代的槎龙人。每年清明节，槎龙村的小学生都会来到彭加木公园中拜祭这位革命烈士。

设立于彭加木纪念公园中的林成佑事迹介绍

三、从太和圩再出发

广州起义失败后，设在燕塘的叶剑英领导的教导团大部分官兵、徐向前领导的工人赤卫队的余部向太和圩撤退，他们中包括黄埔军校毕业的骨干叶镛、王侃予、唐维等。14 日，在太和圩收编了撤退的官兵1200 多人，在太和圩联升社学和谢家庄谢氏大宗祠作短暂休整，并在联升社学开了个短会，统一了思想，决定成立中国工农红军第四师。由于太和距广州太近，为避免反动派的袭击，14 日晚，队伍离开太和，经沙亭岗过竹料，赶往花县整编，然后奔赴海陆丰与彭湃领导的第二师会师。

1991 年，因修《太和镇志》，太和各行政村召开老年人、村社新老干部座谈会。当时谢家庄村 84 岁的老人谢聪回忆道："1927 年冬，祠堂来了很多兵，我也捡了一顶旧军帽戴着学军人操练。"86 岁的谢新昌说："他们是从省城来的，还有一个长官叫徐向前（听说），傍晚又向北走了。"联升社学管委会成员之一、永兴村瑚琏自然村 98 岁的范端照说："1927 年冬，广州来的有军人也有不像军人的，在联升社学住了约二百人，其余过千人住到谢家庄祠堂，分别由这两处负责他们的膳食和协助维持安全。"

广州市早期的革命火种在白云区熊熊燃烧，在寻求民主、富强的革命道路上，一代又一代的革命先辈付出了自己的汗水与鲜血。广州起义失败后，虽然白云区的革命团体组织发展受到了影响，但革命的火种仍然得到了较好的保留与传播。

各界革命组织的诞生

星星之火，可以燎原。近代以来，在广州市郊诞生了中共广州市北郊区委员会、石井特支等各界革命组织，为中国近代民主革命力量壮大做出了积极贡献。

一、中共广州市北郊区委员会

广州起义失败后，北郊的革命力量遭到了国民党反动派的清洗和迫害，很多革命党人开始转入地下工作。1928 年 1 月 24 日，广州市郊第三、第四区农会党员林成佑、林恭锐、林祝锐、杨励盘等人被国民党反动派抓捕后迫害致死，对广州市北郊的革命斗争产生了很大的消极影响，但革命的基础仍然存在，这为后期广州市北郊革命斗争的再次发展奠定了坚实的基础。在此基础上，中共广州市北郊区委员会成立，下辖石井兵工厂党支部、聚龙村党支部等支部。与当时中共广州市东郊区委员会一同推动广州地区民主革命的发展。

二、石井特支

由于白云区地处广州市的东北郊，乡土民情受城市影响较大，广大群众具有优良的革命传统，早在大革命时期，广大农民就敢于起来斗争，甚至拿起武器打击敌人。抗日战争时期，在中国共产党关于建立抗日民族统一战线政策的感召下，白云地区对敌斗争连绵不断。统一战线就是在这样的条件下逐步发展扩大的。

1933年3月，原马共党员潘祖岳从马来西亚返回广州，与广州市外县工作委员会取得联系，坚持抗日宣传。归国后的潘祖岳被介绍前往南海县亭岗（今为白云区亭岗）小学任教。后于1935年经人介绍加入中国青年同盟（简称"中青"），同年，同在亭岗小学教学的钟萍洲、关山等人也加入了这个组织。

后来，又在茶溪、石井兵工厂、亭岗发展了6名中青盟员。中青协助党组织开展一系列抗日救亡活动，建立"抗日救亡弟兄会""青年进德社""青年励志社""姐妹会""教师联谊会"等外围组织，积极发动群众开展抗日救亡活动。其后又联合亭岗、槎头、平岗、潭村、茶溪、张村、大岗等地教师，成立"石井地区教师联谊会"。

1936年7月，中青领导人、共产党员王均予受中共中央北方局领导的指示，将"中国青年同盟"改为"中国青年抗日同盟会"，并开始在同盟会成员中积极发展中共党员。在此背景下，潘祖岳、钟萍洲和关山3人在广州市外县工作委员会负责人麦蒲费的主持下，正式成为中国共产党党员，从此石井特支正式成立，隶属于广州市外县工作委员会。潘祖岳、关山、钟萍洲等在当地秘密开展革命活动，向学生和群众进行抗日宣传。他们办起了夜校，利用夜校课堂宣传共产党的抗日主张，讲国内外形势，介绍进步书刊给学生阅读。不久，又组织起由农村妇女组成的"姐妹会"，以石井兵工厂工人子弟为主要成员的"青年进德社"，以里水亭岗乡农民为主要成员的"抗日救亡弟兄会"，公开宣传停止内战，一致抗日，以读书、识字、演讲、演话剧、出版墙报等形式宣传抗日救亡的道理，在石井一带影响很大。

石井特支的诞生对广州抗日革命力量的进一步扩大产生了很大影响，在石井特支党员的努力引导下，包括白云区在内的广州市周边区县教师、工人和农民等群众力量积极投入抗日救亡运动之中。

1936 年 11 月，钟萍洲奉命调离，由温焯华接替领导石井特支的支部工作。但在 1937 年春，地方乡绅逐渐察觉到石井特支的革命活动迹象，借口停办了当时的亭岗小学，最终石井特支支部党员逐渐调离石井地区。

各界革命团体组织如雨后春笋般在白云区涌现，传播革命思想、开展革命斗争，使白云区成为广州开展革命斗争的重要阵地。在抗日战争全面爆发之后，白云区的革命团体组织纷纷投入抗日救亡运动当中，为挽救民族危亡做出了巨大的贡献！

4

第四章

血色风云　铮铮抗敌

　　抗日战争是指 20 世纪中期第二次世界大战中，中国抵抗日本侵略的一场民族性的全面战争，是第二次世界大战的重要组成部分。中国人民抗日战争，是中华民族历史上最伟大的卫国战争，是中国人民反抗日本帝国主义侵略的正义战争，是世界反法西斯战争的重要组成部分，也是中国近代以来抗击外敌入侵第一次取得完全胜利的民族解放战争。

　　在抗日战争中，广州北郊人民再一次展现了三元里抗英斗争中不畏强暴、抵御外敌的爱国精神，在爱国将领的指挥下，从"江高之役"到帽峰山下大大小小的游击战，北郊人民挺起铮铮血骨，扛起战旗，书写了一段英勇、智慧的血色历史。

第一节 "亡国之民何其屈辱"

1937 年 7 月 7 日，卢沟桥事变后，抗日战争全面爆发。1938 年 10 月 21 日，广州沦陷。当日本侵略者踏入广州郊区的土地时，暴行也随之而来，其时广州北郊人民深受其害。

1937 年 7 月，侵华日军飞机狂炸国民党军队的通信设施，在黎家塘一带投下炸弹多枚，毁坏稻田 10 多亩（0.7 公顷）。广州市第六十五中学退休教师刘侣剑撰文回忆广州沦陷当日清晨的情形："日本飞机多次轰炸广州市。城北的广花公路，汽车连接着向北飞驰，散兵游勇沿途急行，市民逃亡的队伍越来越长，日本飞机沿路追着轰炸射击。见此情势，全校师生立即疏散回家。中午，一架日机飞来园下村上空，在小学邻近投下一枚炸弹，3 间民房被炸毁，我校女学生颜留好母女及邻居老妪被炸死。附近的龙归圩，同时也被炸塌店铺数间，死伤 7 人。"

广州沦陷后，日军松田部进驻蚌湖、社边及进和圩，设置骑兵大本营，随即将整个进和圩夷为废墟，到处烧杀抢掠、强奸妇女，肆无忌惮。日军于蚌湖大钟楼（当时广州仅有的两座大钟楼之一，每逢整点、半点自动报时）设司令部，后曾用机关枪疯狂扫射钟楼，钟楼至今留有大量的弹孔，日军撤走时将大钟内部的德国机芯拆走运回日本国内，此后大钟哑然失声。

1937 年 11 月 16 日，日军山田部对蚌湖地区乡民施行炮击，并用刀砍、枪杀、剖腹等残酷手段，杀死我同胞 30 多人。海唇

蚌湖大钟楼现状

庄、草地庄及清河市场被烧成一片废墟。

太和是遭受暴行的重灾区。1938 年 10 月 23 日，日军入侵太和，纵火烧毁店铺 10 余间。此后，日军在太和各村烧杀奸淫、灌水活埋，无恶不作，手段残忍。

1939 年 3 月 22 日，日军围困石井马岗村，将全村人抓到龚氏祠堂门前空地，用刺刀捅死 49 人，史称"马岗大屠杀"。

1939 年 8 月，日军偷袭石船抗日游击队大队部，抓走队员 60 多人，押到罗布洞塘边，用机枪射杀。9 月上旬，日军窜到石船村劫掠，打死村民 48 人，强奸 2 名抱婴妇女，并将其婴儿刺死。同年秋，日军在石船纵火烧毁民房数十间。

1940 年夏，日军在兴丰地区施暴，把坑口村的男女老少赶到稻田强迫跪下，村民许罗田被日军拳打脚踢致残；黄麻塘的许亚财、六队的李接堂等被灌水致死，邝炳记惨遭杀头身亡。同年秋，沙亭岗颜姓一孕妇被日军先奸后杀，造成一尸两命；区庄、太和庄两村被日军杀头惨死者 20 人，灌水 10 余人，12 座房屋被烧毁。

1941 年，日军到牛牯潭、大山村、胡屋、易屋、罗洞等村烧毁民房 100 多间，村民被灌水逾 500 人，何记胜被吊死，谢焕源、谢炳基被当众烧死，何荣光、李带仔、李有仔被带到头陂杀头；日军还在头陂羊火燎活埋 20 多名抗日志士。

1942 年，日军强迫山区村民修筑一条长 15 千米的战略公路，稍有怠慢即遭日军毒打。

1943 年秋，日军调集 8000 兵力，对太和地区进行全方位"大扫荡"，村民被抓、烧、杀、打、吊及灌水者逾千人，妄图一举扑灭太和地区的抗日烽火。杨新运是当年被日军灌水和毒打的村民之一，据他回忆："日本鬼子先把我绑在木梯上，再用毛巾把我的眼睛、鼻子、嘴巴紧紧捂住，然后就一桶接一桶地把水灌下来，让我几乎不能呼吸，大约灌了 15 分钟，我仍不肯说，于是他们又用小竹棍抽打我。"

《太和镇志》主编谢汉清曾在 70 岁高龄时跑遍太和镇 10 多个村子，寻找当年受害者，编写《太和抗战事迹杂忆》。据他介绍："当年日军灌水手段多多，有一种是把绑在梯子架上的村民倒挂浸入池塘，待村民'喝饱'水后再拉起来，然后把梯子放于村民腹部，数名日军踩在梯子上把水压出来，接着再把村民浸入池塘，如是反复。如果村里没有池塘，就把村民放在水井里灌水，方法如上。"

为纪念死难同胞，后人在联升社学后面建立"太和乡抗战殉国同胞纪念碑"。该碑现在广州市第二外国语学校（原广州市第七十七中学）校园内。

"亡国之民何其屈辱"，北郊人民不愿做亡国奴，不甘心不战而逃，面对蹂躏与欺压，即使敌寇人多势大，也誓要决一死战，捍卫家园，向入侵势力证明中华儿女不可欺辱！

江高阻击战

1938 年 10 月 20 日，广州沦陷前夜。国民党政府军独九旅六二七团奉命赶赴李伯坳布防，以掩护广州军政人员撤退。翌晨，部队行至长平，发现日军已到达李伯坳。团长立即下令炸毁长平桥阻敌前进。不久，日军以坦克开路，在飞机掩护下强渡樋河。六二七团抢占附近山头制高点向日军开火。日军数架飞机向我阵地猛烈轰炸，并不断低飞盘旋用机枪扫射。战斗持续到下午，六二七团北撤，日军便如入无人之境，直入广州城。

一、热血青年，奔赴流溪河

1937 年卢沟桥事变发生后，广东省成立了民众抗日自卫队统率委员会，全省分为 12 个区，禺北士绅伍观淇为第二游击区统率委员，负责训练指挥番禺、花县、从化、增城的民众抗日自卫队。

临危受命后，伍观淇立即着手筹划抗战的准备工作，训练抗日自卫队骨干，成立禺北抗日宣传队，并以高塘、江村两圩义勇消防队和武术馆为骨干，成立救护队，由普惠医院派医生协助训练，还成立了通信队和修械所。

国民党第四路军在禺北北村和花县平山设有军械库，存放大量的武器弹药和通信器材。广州将沦陷时，禺北北村军械库和花县平山军械库的武器都来不及运走，即将就地炸毁，自卫队全体官兵连夜赶赴北村进行抢救。官兵们冒着随时会发生爆炸的危险，一边救火，一边抢搬军械，一共搬出轻机枪 70 多挺、七九步枪 300 多支、驳壳手枪几十支及弹药一大批。伍时勤（南浦村人）和邵丰（花县松柏村人）各带本村团队赶到花县平山圩会合当地团队，到均和局军械库搬运军械和通信器材。搬了两天两夜，重要的军械和器材都被及时搬走了，后来这批军械全部缴交第四战区司令部。杨君智负责组织抢运第四路军存放在高塘同风社的粮食，及时把几百吨粮食运到赤坭和三水鹿和，后来第二游击区部队靠这批粮食维持了相当长的一段时间。

广州沦陷当天，伍观淇立即从广州赶回禺北，召开团队主要负责人紧急会议。会议决定以禺北常备集结队和江村、江夏、高增、鸦湖、蚌湖等乡集结队为基干队伍，组建第二游击区民众抗日自卫队第四支队，杨遂良任支队长，叶湘、龙君烈任副支队长。

会议结束后，各人立即返回各村组织队伍，只花了几天时间，便集结到六七千名热血青年奔赴流溪河沿岸，组成一条由石井南岗口至花县李溪石角约 30 千米长的防线，由伍观淇统一指挥，严阵以待。

地利窑地理位置关键，在抢运完粮食后，杨君智率领科甲水团队，配备轻机枪 2 挺、步枪 30 多支、手榴弹 100 个，前往地利窑配合鸦岗团队作战。这支队伍中有两位 10 多岁的女战士，一个叫杨英，一个叫黄韵，作战非常勇敢。

10 月 22 日、23 日两天，伍观淇带领各团队负责人在流溪河重点地段进行巡视，研究布防方案，指导构筑防御工事。

二、迎头痛击，不让日军越过流溪河一步

广州沦陷后，日军派兵向北郊进犯，轮番轰炸禺北和花县的铁路、公路、桥梁，占领牛栏岗机场、夏茅兵房、石井兵工厂等军事要地后，继续向流溪河逼近，企图渡河。因不了解虚实，日军先派出小股部队和便衣窜到流溪河南岸各村庄骚扰，侦察实力。10月26日，一支日军沿广花公路开进人和圩对岸的秀水塘、北村等地，数辆铁甲车在村中乱闯，枪杀平民百姓。27日上午，10多个日军在流溪河南岸塘阁渡口抢了渡船向北岸驶去，强行渡河。江村大队在谭家岭早已严阵以待，静候敌人船只驶近，轻机步枪一齐开火，打死打伤五六个敌人，其余慌忙逃回南岸。中午，日军又从江村大铁桥进攻，自卫队员凭借有利地形，给敌人迎头痛击，敌人被打死打伤数人后退回南岸。至此，"江高之役"正式开始。

28日，3艘橡皮艇分别乘载七八个日军，从流溪河南岸向高增方向进攻。高增中队中队长骆邦在河边石灰窑上指挥作战，队员利用石灰窑和堤围的有利地形，沉着应战，双方激战一个多小时，敌人多次组织冲锋，均被击退。自卫队击沉敌人橡皮艇1艘，击伤2艘，毙伤敌七八人。次日上午，日军再派出5艘橡皮艇，用小钢炮和轻机枪掩护渡河。当时河水较浅，露出大片沙滩，敌人很快就过了河，冲上沙滩，骆邦指挥队员奋力反击，打死打伤七八个敌人，其余敌军退回橡皮艇。这时突然一颗子弹击中骆邦的胸部，血流如注，倒在地上，队员们急忙将他抬回大祠堂救治，因流血过多，壮烈牺牲。骆邦是广州城北抗战光荣牺牲的第一人。

人和桥是广花公路上的重要桥梁，当时桥身大部分已被敌机炸毁。该桥由鸦湖大队长叶湘带领鸦湖团队防守。叶湘是中央军校学生，曾任正规军营长，以勇敢善战出名。28日上午，30多个日军在小钢炮、轻机枪的掩护下向桥上冲来，叶湘和队员们沉着应战，待日军冲到离桥头阵地30米左右时，2挺机枪和20多支步枪才一齐开火，并投了10多个手榴弹，敌人丢下了七八具尸体，慌忙逃命。

29日上午，敌人又组织进攻，人数更多，火力更猛，先用小

新人和大桥

钢炮轰击阵地，接着用轻机枪掩护步兵冲锋。叶湘指挥队员沉着应战，打死打伤八九个敌人。突然，敌人的一发炮弹击中自卫队一机枪射击点，正、副机枪手一个阵亡一个负伤。叶湘正指挥其他队员抢救，这时一颗子弹打中他左手，队员们立即将他抬下火线抢救。在自卫队员的奋勇抵抗下，终于打退了敌人的进攻，守住了桥头阵地。叶湘旋即被送往江村普惠医院救治。

普惠医院

普惠医院是新西兰教会长老会办的，属英国财产。因当时英国不是交战国，所以后来江村陷入敌手，日军几次欲进普惠医院活捉叶湘，均被拒绝。叶湘在医院得到庇护和悉心治疗，伤愈出院时，医院派了一位姓冼的女护士长同叶湘打扮成新娘、新郎模样，乘花轿通过敌人封锁线，投奔第二游击区，随行的还有一位姓徐的药剂师，携带了一些医疗器械和药品。此事在江高一带一时被传为佳话。两位医务人员后来留在第二游击区后方医院服务。

蚌湖团队有 8 个中队，共 800 多人，由支队长杨遂良带领，防守从蚌湖到企人石一带，加上神山团队配合作战，力量是比较强的。蚌湖木桥是敌人重点进攻地段，每天都来攻，有时一天进攻数次，每次都被自卫队员打退。11 月 1 日拂晓，日军又来进攻，火力很猛，小钢炮、轻机枪和步枪齐发，炮弹、枪弹频频落在自卫队的阵地上，队员被打得一时抬不起头，但大家凭着满腔热血，凭借有利地形，沉着应战，坚守阵地。杨伟桐中队在紧急关头，开启当年抗击英军用过的土炮，炮弹在敌人阵地开花，打得敌人丢尸弃甲，狼狈而逃。这一次战斗，自卫队有 10 多个队员受伤，队员苏均河、苏敏、江殿逢为国捐躯。11 月 4 日上午，敌人向自卫队阵地发射了 10 多发炮弹，队员曾纪灶当场中弹身亡；副小队长徐镜荣被弹片击伤右手及右脚，但仍坚守在阵地上。

江村大铁桥是粤汉铁路的重要桥梁，扼南北交通要冲，历来为兵家必争之地。伍观淇十分重视江村大铁桥，重点指导构筑桥头防御工事，派重兵把守。开战以来，敌人每天都派敢死队进攻，有时一天发动几次进攻，并常有敌机助战，但每次都被江村大队自卫队员打退。当时铁桥上的枕木不是被敌机炸毁就是被自卫队烧烂，仅剩下两条钢轨和烧焦的枕木头，敌人进攻时，只能在钢轨上爬行，一旦中弹，便连人带枪跌落河中。

故此，每到傍晚打完仗，便有人在桥底河中打捞枪支，每捞到一支枪交回指挥所，伍观淇便赏 5 个大洋，不少人得过奖赏。10 月 30 日上午，有 3 个乡民求见，要求参加自卫队。他们都是杨山村姓王的猎户，平日以打猎为生，眼见敌人侵犯家乡，十分愤恨，自愿参加民众抗日自卫队，要亲手打死几个日本兵。伍观淇表示欢迎，安排他们在炮楼守桥。上午 10 时半左右，敌人又来进攻，在轻机枪的掩护下，六七个敌人从河心洲冲过来，一时站起来跑，一时趴在铁轨上匍匐前进。3 个猎手枪法很准，待敌人冲到离桥头 30 米左右时即开枪射击，一枪一个，一连打死 5 个，敌人全部翻身落水。

战至下午 3 时，敌人的钢盔被打穿，趴在桥上一动不动。敌人几次用轻机枪掩护，想抢回"尸体"，都被自卫队击退，终未得逞。直至傍晚 6 时多，日军才退回南岸。伍观淇命令小队长陈志带一个姓黄的队员前去斩取躺在桥上的敌人首级。两人爬到敌人身边，陈志举起杀猪刀往下砍时，日兵突然用手一拨，陈志手中刀坠落河中。原来日兵尚未死去。于是陈志和敌兵扭打起来，日兵用双手紧紧卡住陈志的脖子，陈志用口咬住敌人的虎口，日兵疼痛难忍，猛然抽手，把陈志的门牙拉断。接着两人扭打成一团，你咬我的耳朵，我咬你的鼻子，在桥上你死我活地滚来滚去。这样持续了 20 多分钟，同去的队员怕伤了自己人，一时插不上手。后来陈志眼疾手快，一手抢过敌人的刺刀，照着敌人的腹部猛插下去，将他杀死。从捞上来的步枪上刻着的名字，才知道这个日兵叫久保成矢。陈、黄两位队员受到了伍观淇的嘉奖，英勇杀敌的事迹在抗日自卫队和禺北各地广泛传扬，并在当时报纸上刊登出来。

11 月 3 日中午，敌军又在飞机大炮的掩护下强攻江村大铁桥。自卫队中队长苏祝华指挥队员奋勇反击，虽有不少掩体和工事被炸烂，队员多人受伤，但队员边打边修筑工事，利用有利地形死守。战斗一直打到傍晚，击退敌人数次进攻，日军始终未能越过流溪河一步。在战斗中，附近乡民冒着战火给队员们送茶送饭，抢救伤员。广州城北人民保卫家乡、团结抗战的精神表现无遗。

三、扼守地利窑，予敌重创

日军见攻打了七八天都不能越过流溪河，便改变战术，采取钳形攻势，分东西两路夹攻，东线以骑兵、装甲兵为主，配合步兵，沿广从公路北上，在从化太平场渡过流溪河，再向西进犯；西线用橡皮艇、汽艇运载海军陆战队沿白坭河北上，经神山洲咀再沿横潭水直插新街，两路人马在新街会合，妄图截断抗日自卫队退路，把抗日武装消灭在禺北石龙圩一带。

11月6日，东线敌人从防守比较薄弱的太平场渡过流溪河，沿河南下，占领人和圩之后，分两路向抗日自卫队进攻，一路经鸦湖，过长岗，直插水沥长岭，企图占领石龙圩，堵截抗日自卫队退路；一路沿高人公路南下，直插江村、高塘。正面敌人在敌机的掩护下猛攻江村大铁桥，守桥团队见人和失守后，江高已不能再守，只好奉命撤离，敌人先后攻入江村、高塘。伍观淇下令全线撤退，向石龙圩和大田、蓼江方向转移。在撤退前，自卫队官兵仍然顽强与敌人展开激烈巷战。高塘圩巷战是以十八社为中心展开，40多位自卫队员与敌人激战一夜，毙伤10多个敌人，于天亮前撤出战斗，向大田方向转移。江村圩巷战由中队长刘凤洲指挥，首先在江边街与敌人展开激战，自卫队员利用地形，用手枪和手榴弹向敌人轮番攻击，打了就走，边打边走。自卫队员江均佑的枪法很准，在巷战中，他打死了2个敌人，打伤几人。他同几名队员退到东胜街时，见日兵追来，又与自卫队员折回打敌人，到村坊再遇敌人，队员们以寡敌众，毫不畏缩。突然，江均佑腹部中弹，其他队员急忙抢救，送往普惠医院，因流血过多，到医院门口时不幸牺牲。自卫队员谭树登同几个队员在江村桥观路口与敌人相遇，双方对打起来，谭树登被敌人打中胸部，壮烈牺牲。

西线日军于11月6日沿白坭河向北进攻。鸦岗乡地处白坭河畔，日军要从水上北进，这里是必经之地。鸦岗乡50多名自卫队员在沿河西岸地利窑至三棵竹约200米地段伏击敌人，2挺轻机枪及40多支步枪隐蔽在河边的煤渣堆上。7日早上8时，扼守地利窑的自卫队员发现对岸四五百人的一队日军向江边开来；白坭河下游有20多艘敌人的汽艇和橡皮艇，每只艇的船头插着日本旗，架着一挺轻机枪，艇上站着若干日本兵，气势汹汹地由南向北驶来。这次敌人采取水陆并进，步兵从石井出发，橡皮艇从西华头出发，在鸦岗会合向自卫队夹攻，自卫队首尾不能兼顾。自卫队首先集中优势兵力狙击敌人汽艇和橡皮艇。等到敌人的船只进入伏击圈，机枪、步枪一齐开火，敌橡皮艇中弹，船沉入落水，血染白坭河，未被击中的船只开足马力拼命逃跑。不到一个小时，击沉敌人汽艇、橡皮艇七八艘，敌人死伤三四十人。陆上敌人虽向阵地猛烈射击，但威胁不大。水上战斗一结束，自卫队员又立即调转枪口打击东岸敌人。东岸是一片低田，北靠流溪河，两面临江，当时晚稻已经成熟，有些已经收割，未割的晚稻倒伏田中，敌人在自卫队员猛烈的射击下，无可藏身，四散逃命，伤亡很多，后来退到一个高堆后面，安置好机关枪猛烈地向阵地回击。因为自卫队所处地势高，有煤渣堆作掩体，地形有利，敌人还是被动挨打，最后不得不狼狈逃跑。经过鸦岗村时，敌人放火烧了10多间民房，打死村民何扳来发泄他们的兽性。这场水陆同时进行的恶仗，打了近两个小时。据当时目击者说，日军运回石井圩的尸体及重伤员达七八十个，连被击沉落河的敌人，估计伤亡人数超过百人。自卫队员吴茂余、陈扁二人光荣牺牲。中午过后，敌机又向阵地侦察、扫射。此时自卫队据报前线指挥所已撤退，敌人已攻入江村、高塘，为了保存力量，便向西撤退了。地利窑之战中，伍观淇的学生何云梦、何尚德、邓国魂以及在中山大学读书留乡抗敌的学生何沛侃、在乡公所工作的热血青年蔡法声指挥射手射击，前文提到的两位 10 多岁的女战士杨英与黄韵则在旁当弹药兵及护士。

11 月 7 日中午，伍观淇率领撤退的队伍集结在和风乡九潭渡口准备渡河。当时渡口有自卫队官兵五六百人和数以千计的逃难群众聚集此间。数架敌机尾随低飞侦察、扫射，军民死伤不少。敌机又炸毁五和浮桥。伍观淇义愤填膺，命令官兵向敌机射击。他自己举起猎枪对敌机射击，打中敌机机翼，冒出白烟，几架敌机仓皇逃跑。自卫队官兵和逃难群众安全渡河，先转移至花县赤坭一带，再转移到三水鹿和，改编为第四战区第二游击司令部，后改为第七战区第四游击挺进纵队司令部，仍由伍观淇任司令，坚持抗战直至抗日胜利。

江高阻击战前后历时 12 天，共动员了 7000 多武装群众参加战斗。据战后统计，这一战打死打伤敌人 200 多人，击沉敌人汽艇、橡皮艇 20 多艘，击伤敌机 1 架；缴获敌人小钢炮 1 门、轻机枪 4 挺、步枪五六十支及钢盔等军用物资一批；俘获日军军曹久保田等 3 人。在战斗中，自卫队员牺牲 61 人，负伤 38 人。战斗中涌现出不少可歌可泣的英雄事迹。江高阻击战是广州城北人民抗日第一仗，这次战役打乱了敌人的侵略计划，为广东省军政机关和部队后撤粤北，重新进行抗战部署赢得了可贵的时间。

史学家认为，在短短的几天内，几千农民集合起来，奔赴流溪河沿岸抗击日军，不为名，不为利，不怕苦，不怕死，英勇顽强，奋不顾身，对敌作战，这完全是当年三元里抗英斗争，抗击外侮精神的再次体现。第四战区司令长官张发奎在韶关举行的军事检讨会上，严厉批评了余汉谋放弃广州的失职行为，高度评价伍观淇率领广州城北人民在流溪河沿岸英勇抗击日军的民族精神。这次战斗也受到总部明令嘉奖，并派大员到根据地开会慰劳，向伍观淇颁发奖金及"卫国干城"勋章。

抗战胜利后，时任第七战区第四游击挺进纵队司令伍观淇为纪念"江高之役"，在高塘江夏岭及鸦湖乡境内高人公路旁，各建一座"城北抗战阵亡将士纪念碑"，由伍观淇题字，基座刻有中山大学教授朱子范撰文记述其事。

良田一役，全歼驻敌

"江高之役"后，由伍观淇任司令的第七战区第四游击挺进纵队司令部辗转广东各地，与日伪军展开大小游击战三四百次，除歼敌外，还缴获大批枪械、弹药及军马，生俘敌官兵30余人。

良田地处广州东北郊，日本侵略军曾把这里当作一个外围军事据点。1939年冬，日军为发动粤北大战，把广州驻军主力北移，良田日伪军大本营仅留少量兵力驻守，伍观淇探听到这一消息，决定派出精悍队伍深入禺北敌后，铲除敌伪据点。第四支队副队长兼第二大队大队长叶湘奉命率领一小队20人，深入鸦湖、蚌湖、人和、太和一带袭击敌人。叶湘盯上驻良田的伪军绥靖大队，他联系竹料、太和一带支持抗日的几支民间武装，并得到当地群众的支持。伪军中一名叫郭桥胜的当地人，做了不少坏事，村民扬言要杀掉他全家，郭闻讯后极为恐慌，立即表示愿意改邪归正、戴罪立功，还答应做内应。

叶湘连续几天扮作小商贩进入良田查勘敌情。绥靖军中以何文琰为首的近20名有良知的青年表示愿意弃暗投明、里应外合，请求叶湘大队长在12月31日深夜他们值哨时发动进攻。

31日下午，叶湘召集各地人马，并发动各村青年参战，共有160多人参加战前部署。晚上9时，部队从逢谌头出发，10时到达良田，兵分四路突破敌人封锁线，杀掉敌人哨兵后顺利地进入村内。叶湘同时在各主要道路交界处潜伏兵力，以消灭企图外逃的敌人。这一夜，适逢新年降临，大队部里的日伪军正围拢在火堆旁吃着狗肉取乐，突然手榴弹声、枪声四起，日伪军慌忙从祠堂往外冲。游击队员已合围过来，向祠堂猛烈开火，又组织5名队员背负沙包在敌营右方堆成阵地，用机枪向敌人炮楼扫射。守炮楼的正是做内应的何文琰等人，他们用白毛巾缠着手臂为记，并举枪向天空射击。游击队借机迫近敌营。敌人凭借堡垒拼命顽抗，激战至深夜2时，何文琰冲下炮楼与在营前督战的川田定佐等军官撕斗，游击队乘势冲杀并夺取了敌堡垒，敌人退回内堂。游击队员推进至祠堂墙外，用大锤把墙壁撞开缺口，把手榴弹扔进里面，并举火焚烧。残敌70人拥上炮楼闭门顽抗。中队长谢活荣带着几个游击队员爬上小房顶放火，火势蔓延到楼里。敌人走投无路，集中机枪火力拼命向外冲，有一部分冲出大营。游击队员谢远带头冲入炮楼，把3个顽抗的日本兵击毙，其余侥幸冲出炮楼的敌兵亦被一一击杀，无一幸免。战斗持续至1940年1月1日晨5时，日军从太和方面开来大批援兵，叶湘随即率领部队化整为零撤离战地。

良田之战，游击队全歼驻敌，计日兵10余人，伪军七八十人。生俘日本顾问深丁为雄、伪大队长高培、翻译官等4人。击毙日军顾问川田夫妇和深丁为雄的老婆，以及军事教官、行刑官等官佐。缴获重机枪3挺、轻机枪3挺、步枪130支、枪弹3万余发及物资一批。游击队1名战士牺牲。

抗日烽火在广州北郊燃烧

在国家民族生死存亡，家园遭铁蹄践踏之际，广州北郊民主革命势力在帽峰山建立起敌后抗日根据地，组建武装斗争力量，共同对敌斗争。在这一时期，中共在白云区成立了抗日民主基层政权，抗日烽火在广州北郊燃烧，他们的活动在较长的时期有力牵制了日军，发挥了联合抗日的作用。

一、番（禺）增（城）从（化）龙（门）民众抗日游击纵队

1937 年初，为发展民主革命力量，巩固老区，建立新区，农工党成员司徒卫中（又名司徒狮、司徒卫，别名火车头）、梅日新、黄志深、王鸾凤、潘日荣、黄弘通等 10 多人，来到同和成立番禺县四区龙洞乡同和联保办事处，领导组织全乡民众进行抗日救国。1937 年 10 月，成立番禺县龙洞乡同和联保抗日后援会，由司徒卫中任会长，委员有何甘棠、赖润豪、刘治棠（三桂）、黄豪正（北麟），文书由赖原有担任。

卢沟桥事变后，中国共产党发表抗日宣言，号召全国人民起来抵抗日寇。同和爱国青年在司徒卫中、梅日新等领导下武装起来，加入广州抗日青年团。当时敌机经常轰炸广州，汉奸放火箭给敌机指示目标，抗日青年团就在同和公路段检查来往车辆，抓到一个身上带有火箭的汉奸，送沙河警察局。由于检查车辆，引起广州国民党宪兵的注意。1937 年 12 月的一天，由广州开来 3

辆大车的宪兵和警察共 60 多人，把司徒卫中拉走，关押在广州警察局，于第二天释放。

1938 年，梅日新带领东平抗日青年队到太和圩，宣传抗日，遭到太和乡长谢燕坤和警察的无理干涉。1938 年 10 月 21 日广州沦陷后，为保存力量，在司徒卫中、黄桐华、梅日新等带领下，东平抗日青年队退到粤北韶关、新丰等地继续开展抗日救亡工作。

为适应抗日需要，抗日青年队在新丰羊石乡进行短期整训，同时为取得部队给养，通过与当时国民党六十五军前敌总指挥部参谋长曾其清、六十五军军长李振球、一五四师师长梁世骥等人协商，把队伍编入六十五军前敌总指挥部别动总队。总队长钟岱，副总队长黄桐华，中队长徐云胜，指导员张建中，教官钟国辉，小队长何甘棠、何华、何文祥、何记清等，宣传队队长萧怀德、李汉英、张德凌、梅日新、何国炽、蒋炎、梁树纲等。后来这个队伍被分别派往一五八师、一八六师。

1939 年 2 月，司徒卫中带领同和、东平的青年抗日武装队伍 20 多人，到帽峰山（从化、番禺交界处，山深林密）开展抗日游击活动，宣传抗日，动员青年加入抗日队伍，发动群众支援游击队的给养等。建立新丰沙田哨站，从化吕田莫村站，龙门芦下、中坪站，增城派潭、腊圃、沙岗二龙、佛子庄、萝布洞站。站长有何义德、赖祥辉、陈记连、黄天就、赖润豪、邱森、杨才、何友才等。

当年的武装队伍由 20 多人发展成三个中队（中队长何煌胜、何国信、郑仁中），在东平马市岭建有一个小队（队长何永）和河水一个小队（队长陈仁）。其时，日本侵略者实施"以华制华"的恶毒阴谋，在敌占区各乡各村建立维持会，抗日游击队与其进行针锋相对的英勇斗争。

1939 年 6 月，游击队在广从公路黄庄站捉到沙河日军警备队密探魂水，在东平沙梨园抓到平田部队密探赖新润（崩口仔），各中队抓到的汉奸有 30 多人，还抓获沙河维持会成员王濂正、太和维持会会长钟宝容等伪政人员 40 多人，有力地打击了敌人的嚣张气焰。

在广汕公路联和市东南门，日军设有检查站，不论男女老少经过，都要脱光衣服检查，不少妇女受凌辱，群众恨之入骨。游击队派人与在广州市开设中药店的联络站何国信、张继附取得联系，侦察好敌情后，司徒卫中派何甘棠、何桂、何炳章等枪法好的敢死队员 10 多人，埋伏在制高点做掩护，另 7 人化装成卖炭妇女，混在人群中，到接近日军哨兵时，即蹲下脱去伪装衣，一声暗号，迅速从炭箩里取出手枪，把 4 个哨兵打死。同时叫群众迅速离开。大批日军赶到时，游击队已安全返回驻地。这一举动大快人心，老百姓拍手叫好，鼓舞了群众抗日的信心。

1940 年，日寇扩大侵略战争，在这样的形势下，帽峰山抗日游击队扩大为番（禺）增（城）从（化）龙（门）民众抗日游击纵队，拥有 1000 余人。司令员为司徒卫中，下设 4 个大队，大队长是何甘棠、何煌胜、何国信、郑仁中等，中队长是何华、何桂、杨才、何九、赖润豪、何记清、温镜环、邱森、杨瑞良等。司令部设有情报队，分布在广从、广汕公路一带及同和、联和、广州等地。情报队队长是何作南、张静波等。还派陈国光、刘治棠（三桂）、何焕基在广州进行情报工作。

部队给养是由各村群众和各大、中、小队自筹自给来解决，也得到何煌胜、何国信、范广权、郑仁中、张云生（继附）、温镜环、杨瑞良等爱国人士的大力资助（出钱、出粮、出武器）。部队扩大后，司徒卫中找到中共琶江区委书记谢永宽商议开展游击抗日等事宜。

1941 年 4 月，日寇广州东宪兵队的刘金润与汉奸黄亚六到同和侦察情况，被抗日游击纵队队员抓获。同年 8 月，宪兵队沙河部的陈虾仔和刘金润部派 4 个汉奸来同和侦察，被抗日游击纵队发现后,即派4名队员在大圹边处埋伏,打死3个,逃走1个,缴获3支手枪和40多发子弹。

1941年底的一个深夜,日军百余人拼凑伪军、汉奸、土匪400多人,围剿抗日游击纵队,被放哨的二中队发现,立即进行阻击,同时派人赶到纵队部报告。司徒卫中布置大、中、小队相互配合,英勇战斗,一次又一次打退敌人的进攻,一直战斗到天亮。后因敌人占据高山头,还用炮火轰击阵地,且从增城、番禺等地调来大批日伪军,在敌强我弱的情况下,纵队只好突围转移。这次战斗,纵队牺牲60多人,消灭敌人70多人。

1941年12月的一个晚上,在广从公路龙迳口处,击毁从太平场开来的一辆日军卡车,打死日军少校联队长1人、少尉3人、军曹3人、士兵5人,缴获大、小枪支12支,长、短军剑9把,大批弹药和军用地图。

1942年1月的一个晚上,抗日游击纵队又派3个中队到广从公路龙迳口伏击,埋伏到早上7时,见从从化开来一辆日军汽车,一声令下,3挺机枪一齐开火,击毁敌车。当收缴战利品时,突然从车里跳出一日军,用剑刺伤战士周智强,在紧急危险关头,赖海琦开枪打死了日军。正当队员们要把缴获的胜利品运走时,突然又开来两辆日本军车,队员们立即击毁了军车。但车内有日军百余人,没被打死的日兵跳到公路边的田坎上进行反击,纵队与日军激战了两个多小时后,撤回到帽峰山驻地。这次缴获的战利品有枪支20支、军剑10把、弹药五大箱、地图及其他用品一大批,消灭日军七八十人。

1942年2月的一个晚上12时左右,抗日游击纵队在广从公路百足桥伏击从从化开来的3辆军车。当敌车进入伏击圈时,一齐开枪射击,打毁3辆军车,打死敌兵60多人。没被打死的日兵占据公路边有利地形,与纵队进行激战。驻太和的日军听到密集的枪声,即拉来几车士兵增援。纵队完成伏击目的后，撤回帽峰山驻地。

1942 年 3 月，抗日游击纵队探知日军从广州频繁运输军用物资到各占领区，准备侵犯粤北。司徒卫中派 3 个中队，在广从、广汕公路沿线活动，袭击日军运输车队，击毁三井洋行运输车 8 辆，缴获大批日军弹药和军用物资交上级。

由于抗日游击纵队在日占区不断开展抗日游击活动，有力地打击了日寇的嚣张气焰，日寇视纵队为眼中钉，总想除之而后快。1942 年 6 月的一个晚上，日军组织伪军、汉奸、土匪 600 余人，再次向帽峰山根据地进行围剿。当敌军到纵队哨位时，被何九中队发觉，立即进行阻击，同时迅速派人到司令部报告，组织反围剿战斗。战士们英勇作战，一次又一次打退敌人进攻，直到天亮。这时纵队只剩下 20 发机枪子弹，日军仍有大炮等精良装备，在敌强我弱的情况下，队员们且战且退，冲出重围，到榕树头村、握山村、企人石等地隐蔽起来。这次战斗，消灭日寇 80 多人，纵队也壮烈牺牲了李少初、李辉、王记仔、陈锦、陈培等 10 多人。

二、红色乡政府：西罗乡抗日民主政府

1941 年，中国共产党领导下的广东人民抗日游击队（1943 年 12 月改名为东江纵队）增城、从化、番禺独立大队在增城县和花山肚地区成立。随后，独立大队不断扩大，活动在广州东北郊的帽峰山、穗丰、黄麻塘、李伯坳、岭头、萝岗一带。1942 年，游击队领导者之一的邬强（20 世纪 60 年代曾任广东省军区司令员）来到穗丰的高坟村任小学教师，一边执教，一边发动群众抗日。在他的发动下，先后有穗丰村民温亦田等 10 多人参加了中共东江纵队独立第二大队的抗日游击队。

1944 年 5 月，东江纵队独立第二大队在穗丰罗布洞开辟抗日根据地。独立第二大队负责人之一的张冠雄（又名张坚）与原西

罗乡乡长管其琳谈判，通过宣传党的宗旨，终于说服了管其琳交出联防队的枪支，由独立第二大队不费一枪一弹接管西罗乡公所。7月，东江纵队独立第二大队进驻罗布洞，得知伪军第三十师驻龙洞一个连队的情况，决定袭击。当日独立第二大队130多人乘夜突袭龙洞伪军驻地，当即击毙伪连长，俘其余官兵60多人（教育后释放），缴获长、短枪60余支及物资一批。当时延安电台、《解放日报》曾对此次战斗进行了报道。

1944年8月6日，抗日民主政府西罗乡政府正式挂牌成立，由张冠雄出任乡长。据《抗日史辑》记载，这是白云区辖内第一个由中国共产党领导的抗日民主基层政权。

当时，日寇在联和等地分段设卡"检查"，以此滋扰乡民、侮辱妇女，还入村抢掠。西罗乡政府组织各自然村的抗日救亡志士，在周边地区袭击日军据点，采取小分队的形式多次伏击日军的运粮车。队员既是农民，又是战士，随招随到，打完就散，日军一时间也摸不清行踪。

西罗乡（今兴丰、穗丰村一带）地处帽峰山南麓，是增城、从化、番禺三县和广州郊区交界之处，抗日队伍如能占领此地，则南临广州日本大本营，西可进军从化、花县。经商讨后，邬强决定集中力量，在罗布洞地区继续开辟根据地。1944年10—12月，他带领部队在帽峰山一带进行游击战，曾三进罗布洞，期间击毙日军少校周炳南及数百名伪军。

1945年1月，张冠雄在与管其琳商量工作时遭国民党别动队袭击，身中7枪身亡。张冠雄牺牲之后，建立不到一年的红色乡政府也被迫停止运作。

如今，西罗乡已拆分为兴丰、穗丰两村，位于穗丰村内的西罗乡抗日民主政府旧址，已被列入白云区红色革命遗址维修工程项目，计划将其修缮后作为爱国主义教育基地对外开放。

第五章

蓄势已发　迎接解放

　　解放战争期间，郊区人民继承前人敢于斗争的精神，在中国共产党的领导下，开展反对国民党反动派的斗争，联合民主革命组织建立武装斗争力量，为配合解放军解放广州发挥了重要作用。

第一节 中共禺北独立区委

新中国成立前夕，禺北、禺东属番禺县管辖。1948 年 1 月，禺北 14 个乡和禺东 3 个乡划归广州市郊区。禺北、禺东隶属两个不同系统的党组织：一是中共江北地委领导的中国人民解放军粤赣湘边纵队东江第三支队六团禺北办事处；一是中共番禺县工委禺北独立团领导的广州东北郊人民游击队。

为了配合南下大军，迎接广州解放，1949 年 5 月间，广州东北郊成立了中共禺北独立区委，放手发动群众，迅速组建与直接领导广州东北郊人民游击队的武装斗争。

1949 年 8 月，为了加强地方党工作，以便更好地配合和支持武装斗争，在禺北独立区委领导下，成立中共禺北平原区委，统一负责禺北、禺东平原区地方党工作。

1949 年上半年，禺北地区有 16 个据点，党员 18 人，大多数是外来任教的小学教师，分布在平原的较多，山区只有三四人。禺东地区有 6 个据点，党员 14 人，也有半数是外来的教师，分布在平原河网地区。禺北独立区委书记是徐幽明（1949 年 5—10 月在任）；禺北平原区委书记是陈康兼任（1949 年 6—10 月在任），组织委员赵仲桓，宣传委员郑英；广州东北郊人民游击队党组织负责人是陈明（1949 年 6—10 月在任）。

一、开辟新据点：上、下新村

抗日战争胜利后，中国共产党、中国民主同盟和中国农工民主党的地下组织都先后派遣一批同志到禺北地区，以学校为基地，以教师身份为掩护，开展地下工作活动，发展革命力量，建立统一战线。

1948年，人民解放战争已进入战略反攻阶段，国民党反动派为了挽救败局，力图把广东变为内战的最后基地，在广州及郊区各县大肆捕杀共产党人和革命群众。7月2日，禺北马市岭等地区7所小学9位从事革命活动的教师黎荣民（即黎春华，中共党员）、李汉光（中共党员）、吴锦华（农工民主党党员）等被捕。8月，遵照中共番禺县特派员周健夫关于迅速恢复被破坏的据点的指示，派了党员周伯尧、朱融到马市岭，司徒彤到新村小学任教，任务是深入发动群众，建立革命据点，开展武装斗争。随后，黄炳才、黄剑深、黄定中、华根堃、罗雨、胡荣丁等先后到新村协同工作。

新村位于广花公路东侧，分为上、下新村，是广州近郊村。向南约3里（1里＝500米，下同）是磨刀坑、集贤庄，再往前数里是三元里、牛栏岗，均为鸦片战争时期三元里抗英的主要战场。该村村小人穷，只有几户富农、几户中农，其余全是贫雇农。全村没有一个大学生，读中学的也寥若晨星。广州沦陷期间，日军在新村附近建飞机场，强行侵占了新村400多亩（27公顷）田地，任意枪杀村民。

1945年5月10日，美军飞机轰炸机场，殃及新村村民，全村被炸死39人，伤44人，屋毁近半。抗战胜利后，新村要求收回被机场占用田地，又遭国民党反动派无理拒绝，失去土地的村民无以为生，朝不保夕，渴望改变现状。因此，新村农民从历史上和现实生活中都有反帝反封建的思想基础。

派往新村的同志白天在小学上课，晚上办农民夜校，还深入农民家里访贫问苦，与农民重温过去反帝斗争的历史，议论眼前国民党反动派的腐败无能和横征暴敛，激励农民效法先辈，起来革命。

越敬派出身贫农，父亲早逝，母亲不得不携女儿去了南洋打苦力工，经过启发教育，他很快接受了革命思想，参加了中国共产党，成为新村革命骨干。还有越敬开、越烈昌、越广台、越汝铿等19人也是苦大仇深，经过教育走上革命道路。新村很快成立了农会和起义委员会，越敬派为两会的主席。

农会成立后，领导农民进行减租斗争。村里耕地多属公尝，所有大小公尝的田租，约每亩100千克谷。经过农会向公尝值理进行思想教育和说理斗争后，每亩减少租谷40千克，减轻了农民的负担。农民在斗争中得到锻炼，认识到只有跟着中国共产党走才有希望，只有将各村的农民发动起来才有力量闹翻身求解放。他们分别到各村秘密串联，集贤庄、磨刀坑、科甲水等村相继成立农会。

1949年夏，中共禺北独立区委根据形势的需要，决定为了加强党领导，把禺北平原地区划分为中心片、西一片、西二片，并分别成立党支部。禺北中心片支部设在新村，支书陈康（兼），副支书司徒彤，支委有罗雨、黄定中、罗杰、越敬派、周棠等。还吸收了一批农会骨干入党，如新村越协星、越润保、越润松和集贤庄黄伯容、黎成志等，成为当地革命斗争的核心力量。

随着革命形势发展，禺北独立区委决定在各地建立武工队，开展武装斗争。中心片支部在新村组建嘉禾武工队，司徒彤任队长，队员有越敬派、黄伯容、黎成志、罗雨、黄炳才等，配有短枪6支和手榴弹2个。武工队在新村、磨刀坑、集贤庄等地秘密隐蔽，晚上到各村庄发动农民秘密建立农会、妇女会等革命组织。如集贤庄的农会和起义委员会，动员了会员黎润荣借出稻谷 200 千克，七九步枪 1 支，并动员其儿子黎斌上帽峰山参加了广州东北郊人民游击队。嘉禾武工队还与广州东北郊人民游击队第三区队并肩战斗，在大源洞生俘前来征粮的国民党兵 6 人，缴获长枪 4 支、子弹 300 多发。

新村在中心片支部领导下建立了"白皮红心"的革命政权。农会派骨干充当新村保长，把政权掌握在自己手里。村里上层人士、名誉校长越德安是侨工出身，旅居英国当劳工，抗日战争前回国，回乡后在村中当过校长兼公尝值理。他一向办事公道，且乐于助人，深得村民爱戴，是新村的实权派。他在中共的教育下，积极支持革命，还担任广州东北郊人民游击队联络员。举凡当时番禺县政府和均和乡的大小指示、密令，他都机智地敷衍了事，并迅速向地下工作同志反映。在这段时间，先后因工作关系而到过新村的有数十位同志之多，但在群众掩护下，从未出过问题，革命同志的安全得到了保护，使革命工作得以顺利进行。当时部队补给困难，新村农民从个人或公尝中借出粮食、枪支，向山区游击队提供了长枪 8 支、子弹 200 多发及粮食 3900 多千克。

中心片支部在群众支持下，设立了地下油印室，编印革命小报、传单，宣传解放战争胜利形势和中共方针政策。这些传单、小报，由武工队、农会人员、革命群众传送，并由各个据点的同志晚上时分别在禺北各个圩镇秘密散发，对于鼓舞和教育群众起了积极作用。党支部还在新村举办学习班，培训干部。广州法商学院的进步大学生阮洪、张拱星、林举雄、刘广华、胡荣干等人，就是由广州到新村参加学习班，然后奔赴各个革命岗位的。南村团支部是禺北第一个新民主主义青年团支部，首批团员周杜南、黄炳才、周自强、周山（原名周翠芬）、周烈雄等，也是在新村秘密举行入团宣誓仪式的。

新村人民在解放战争时期，在敌人眼皮底下，不怕牺牲，不畏艰险，为革命做出了很大的贡献，有力发挥了革命根据地的作用。

二、禺北第一个新民主主义青年团支部

1947年2月，禺北仁风乡南村攀龙里来了几位陌生的客人，他们是新开办的第一保国民学校的教师。这些人当中，有在越南被反动当局驱逐出境的周一民、谭国香，有在广州刚从学校毕业出来的司徒彤、周燮能，有从香港回乡的周启流，还有刚从内地回来的名誉校长周燮俦、校董周燮钳，可以说是来自五湖四海。但他们都抱着同一个目标：解放全中国。为了这个目标，他们走到了一起。学校是全日制的完全小学，教导主任先是周一民，后是司徒彤，学生有100多人。

中共番禺地下党工作人员周伯尧给他们下达指示：教育学生，迅速成立革命青年组织，把学校和南村攀龙里作为革命据点。根据这个指示，他们日夜不停地工作。在旧中国，由于农村贫穷，上小学高年级的学生多已十六七岁。当时的课本大多是胡说八道、颠倒是非的东西，他们便常以进步的课外读物代替课本，如高年级语文课讲鲁迅的《狂人日记》《故乡》，指导阅读巴金的《家》《春》《秋》，茅盾的《子夜》等，历史课就重点讲农民起义。结合讲课，教育学生做农村调查，使学生认识到在当时的农村，土地是集中在地主的手上，农民不仅受地主的残酷剥削，还受到官僚军阀的横征暴敛，他们的出路只有一条：改革旧社会，改革旧中国。

课外活动是个大课堂，他们常组织学生到其他学校打篮球、排球，借以了解该村的情况。他们还教学生唱歌，排练话剧，每

次开文艺晚会都邀请全村农民来观看。他们演出了自己创作的话剧《黎明前》，内容是揭露国民党"三征"（征兵、征粮、征税）的暴政；小歌剧《五更望夫》，反映的是一个农村妇女在丈夫被拉壮丁后经历的一系列生活悲剧。晚会的节目引起了群众的强烈共鸣，酒楼茶馆上、榕树头下，群众纷纷联系演出节目，对照现实抨击国民党的黑暗腐败。

教师还组织部分学生和青年到广州观看进步影片和话剧，如电影《八千里路云和月》《一江春水向东流》《万家灯火》《春光是关不住的》和话剧《忠王李秀成》等，观后展开讨论，使学生视野扩大，对社会现实有了较深刻的了解，思想认识因此有了很大的提高。

出版壁报也是一种很好的宣传教育方法。师生在壁报上发表揭露时弊的文章，尤其喜用漫画来讽刺现实。周一民、周燮能善绘画，他们常把著名漫画家廖冰兄的《猫国春秋》等仿画在壁报上。壁报张贴后，人们争相观看，议论纷纷。其中有些文章，如司徒彤写的杂文《灭虱》、读书随笔《生命在呼喊》、历史小说《曹操议和》等，还在广州《建国日报》上登载。

经过一年多的教育，学生逐渐了解了国家社会的历史与现状，开始感到苦闷、彷徨。教师又引导学生阅读社会科学，如艾思奇的《大众哲学》等书。部分学生在教师的教育和耐心帮助下，看到了世界，看到了未来，强烈要求改革现实，投身革命的洪流里去。

1948 年 7 月 2 日，国民党反动派在广从公路和广花公路沿线进行搜捕，龙眼洞、白鸽窦、大圳口、慕园、马市岭、扒沙井等学校的共产党员李汉光、黎荣民、吕任远，农工民主党成员吴锦华、吴棣华、吴创中、张腾辉及进步教师靳羽、刘乐容等 9 人相继被捕。次日上午，司徒彤在课室里给学生讲课，突然一个戴着一副黑眼镜的陌生人在窗口窥望，学生周山发现了，立即出门了解，竟是一个身穿美式军服，脚穿黑皮鞋，体格魁梧的人。这个彪形大汉说要找司徒彤，请他出来见面。周山马上警惕起来，立即走到司徒彤的身边细声地说："外面来了一个国民党的军官，说要找你见面，我看他不是个好东西，你快走吧！"司徒彤问周山外面来了多少人，周山说只发现一个。司徒彤心里盘算，要是来搜捕，岂会单枪匹马，可能是地下党的同志有紧急情况化装而来，便立即到门缝处窥看。陌生人原来是中共番禺县特派员周健夫，司徒彤立即前去接头。周健夫扼要地说了反动派现正进行大搜捕的情况，叮嘱所有文件和进步书籍应立即隔离，壁报如有批判现实的文章，也应立即覆盖，以免暴露。司徒彤则按党组织指示，坚持在南村隐蔽下来，保持与学生和群众的联系。周燮俦从禺北的上层人士那里获悉，南村攀龙里第一保国民学校已被敌人注意，几位教师也被列入可疑分子的黑名单内，遂与周燮能、周启流等前往香港暂避。

南村与大圳口、马市岭相距仅数里，教师被捕的消息很快传开，引起群众极大不满，学生更为愤怒，周杜南、周自强、周山、黄炳才等学生强烈要求参加革命。

1949年2月的一个深夜，新村小学的一间课室里，桌上放着一盏点亮了的煤油灯，四周的壁窗挂上黑布，不露一点儿光，以免被人察觉。简陋的会场，显得庄严肃穆。周杜南、周自强、周山、黄炳才、周烈雄等举起右手，庄严地宣誓，愿为共产主义事业而奋斗一生。介绍人司徒彤，监誓人周伯尧。禺北第一个新民主主义青年团支部诞生了，支部书记由司徒彤兼任。有了团支部这个战斗组织，广大青年团结在它的周围，南村开始活跃起来了。不久，第二、三批新团员宣誓入团了。参加入团宣誓的有周锐和、周友谏、周群坚、周苗姬、周月卿、周银娇等学生。经过团员的深入发动，地下妇女会、青年读书会等组织相继成立，其中参加妇女会的有 18 人。

4 月 21 日，人民解放军胜利渡江。23 日，南京解放，解放大军挥兵南下，敌人节节败退。禺北龙归镇霎时来了整营整团的"遭殃军"，全镇被一片乌云笼罩着。6 月、7 月间，为了向广大群众宣传革命形势，也为了宣传党的政策，进一步分化瓦解敌人，禺北独立区委决定在同一个晚上，于各个圩镇散发革命传单。龙归镇几次散发传单的任务都是南村团支部负责。周杜南、周锐和、周自强、黄炳才、周烈雄等团员冒着生命危险，在更深夜静的时候，把革命传单从门缝投入铺子里，贴到乡公所和"遭殃军"吉普车上，在猪肉档和鱼摊档的桌面上也放上传单，还把传单贴在街巷要道的墙壁上。清晨，乡民看到传单，纷纷议论，奔走相告。

位于番禺、增城、从化交界的帽峰山，是广州的屏障。广州东北郊人民游击队在这里集结活动，如同一口钉子，钉在国民党反动派的咽喉上。这引起了敌人的震惊，1949 年 7 月 21 日，国民党反动派纠集军队千余人向帽峰山进行疯狂的"大扫荡"，中共番禺县工委领导的广州东北郊人民游击队接获情报及时转移，安然无恙。活动在这一带的东江第三支队先遣总队队长朱骥、政委崔佳权等 7 人在突围中壮烈牺牲。南村的团员和进步群众在血淋淋的现实面前并没有被吓倒，他们抹干眼泪，把仇恨记在心上，化悲愤为力量，继续战斗！

8 月，禺北独立区委决定，动员在广州读书的南村团员周自强、周杜南、周山、周烈雄等同志上山参加游击队，并望他们尽量多带一些钱给部队解决补给困难。他们接到通知后，三番五次秘密研究，千方百计筹集经费。结果，以"上学"为名，每人回家要了港币三四百元，分别按约定时间，到司徒彤家里集中住了一宿。次日早晨，司徒彤带着他们从广州乘车到禺北良田村联络站，再分别上帽峰山打游击。接着，周燮俦、周燮能、周启流等从香港回来，团员周友谏、周苗姬也随着他们去花县参加了游击队。

没有上山的同学仍在南村坚持地下工作。每当国民党军队换防的时候，周锐和等同学很快了解到敌人的番号、人数、车辆、枪炮，用一张卷烟的烟纸，密密麻麻地记下来，交给周友谏、周苗姬、周银娇藏在"翘丝冷"（即禺北未结婚女子扎的小髻）或藏在竹帽里，越过敌人的哨位，步行至新村送给武工队司徒彤、黄炳才。周银娇的父亲是个顽固的绅士，但她在老师的教育下，思想进步，追求革命。顽固的父亲为她订了一门亲，对象是一个中学生，强迫她早日成亲。周银娇要求参加游击队，把青春献给革命事业。而组织上考虑到她一上山，顽固的父亲会加以追查，南村的各种地下组织会容易暴露，故没有批准她的要求。结婚前一天，她瞒着父母偷偷地步行七八里路，到新村见司徒彤，从怀里掏出港币数十元，说："我明天出嫁了，这是母亲给我的随身零用钱，我将它交团费，支持部队。以后组织有什么任务交给我，我一定努力去完成。"临走时，她含着泪水说："我以后少见你们了。祝你们工作顺利。请代我向上了山的同学问好。"

新中国成立前夕，即1949年8月、9月间，为了深入发动群众，配合大军解放广州，禺北独立区委又先后派了党员李活洲、赵端到南村团支部做了很多工作。

南村团员周自强的母亲阿三，是位典型的农村妇女。阿三原名谢琼宽，婚后因丈夫是第三子而按习俗称阿三。仁风乡是个侨乡，阿三的丈夫周锐流在加拿大做林木工人，他俩有一女一子，自强居小。阿三正直善良，深明大义，除了积极支持儿子自强参加革命，还不畏艰险，参加了地下妇女会。1949年7月间，当反动派"围剿"山区游击队的时候，在广花公路一带活动的嘉禾武工队负责人司徒彤患了伤寒病刚痊愈返回岗位，禺北独立区委考虑到他的身体尚未完全康复，通知他立即撤离新村，找个地方隐蔽下来。司徒彤怀揣着手枪和手榴弹，步履蹒跚地摸到了南村周自强的家里。阿三立即收拾出一间房子，让他隐蔽下来。为了他的安全，阿三一天几次到驻有敌军的龙归镇打探敌人的行踪。她常到东家坐坐、西家聊聊，目的是避开别人来串门，以免被人察觉，泄露风声。为了让司徒彤早日康复，她每天煲汤水、炖肉汁，像母亲对孩子般细心照料。司徒彤在阿三的关怀照料下，身体复原了，便向这位令人敬仰的积极支持革命的母亲告别，返回了武工队。1954年，阿三的丈夫和女儿先后病逝，周自强又远在武汉军校工作，但她仍一再叮嘱儿子不要牵挂，鼓励儿子努力做好工作。1963年夏，阿三病重，嘱托回乡省亲的周群坚转告司徒彤，司徒彤立即带了妻子女儿去探望她，当见到阿三时司徒彤亲热地叫了一声"妈妈"，阿三含着泪水，深情地说："很久没有见到你，多想念你们啊！"司徒彤询问她的儿子自强回来没有，她坦然说："自强在武汉军校那么远，来回要十天八天，我不让通知他，怕影响他的工作呀！"1970年，周自强在贵州工作，阿三病危时全由周群坚的母亲颜锐洪照料，临终前还一再写信鼓励周自强积极工作，她的身后丧事也由颜锐洪代办。

南村的团员及民众抱着对革命的赤诚，无私奉献，中华人民共和国成立后在各条战线上依然继续为祖国的繁荣昌盛做出贡献。

三、领导武装斗争：东北郊人民游击队

1949年5月，中国共产党在禺北设立了独立区委，中共珠三角地区工委和番禺县工委决定在广州东北郊一带建立广州东北郊人民游击队，以便掀起全县的武装斗争，准备迎接南下大军解放广州。当时游击队的主力有武工队3个分队，后续一共建立了7

个武工队，以同和、太和八斗地区和东平地区为活动基地，以帽峰山为根据地，武装人员达 200 多人。

1. 以武工队为骨干，集中帽峰山

1949 年春，中共番禺县工委派党员李汉光到禺北会同农工民主党负责人梅日新发展武装队伍。1949 年 8 月，禺北、禺东各乡武工队、游击队队员在帽峰山集训时宣布正式成立广州东北郊人民游击队，游击队隶属中共禺北独立区委领导，成员有 250 人。区委委员李汉光任队长，区委书记徐幽明兼任政委，周伯尧、梅日新任副队长，陈明任政训室主任。游击队的成立在放手发动群众，反对国民党"三征"的斗争中做了大量工作，并积极开展游击战争，扩大武装队伍，为迎接解放广州做出了应有的贡献。

广州东北郊人民游击队以太和镇矮嶂村、穗丰村念溪杨公祠、帽峰古庙等地为活动基地，游击队主要骨干在这些地方驻扎并部署行动，一方面防止国民党反动派破坏建筑，另一方面安抚民心，维持秩序，为解放事业提供有力保障。

其主要任务：一是侦察太和至沙河沿线的公路、桥梁，动员群众护桥护路；二是组织各乡进行筹粮备草，支援前线；三是发动群众，以自然村为单位，组织人民自卫队，协助部队保护家乡，建立革命秩序。10 月以后，广从公路沙河至太和地段沿线的很多村庄成立了农会、起义委员会，把农民武装起来。

2. 迎接南下大军，建立郊区基层政权

当时广州尚未解放，游击队的成立一方面是为了防止国民党反动派炸毁重要的建筑、桥梁等设施。另一方面，由于当时的人们对于解放军南下还抱着不安稳的心态，游击队还肩负着安抚民心的任务，他们要组织各乡进行筹粮、筹款、筹枪，支援前线。其中一项重要任务是发动群众，以自然村为单位，组建人民自卫队，协助部队保护家乡，建立革命秩序。当时游击队还动员一部分农村党员、团员、农民积极分子参加解放军部队。

10月13日晚，广州东北郊人民游击队在太和镇新围村召开群众大会，发动群众，成立自卫队，村民踊跃报名，决心做好支前工作。10月14日下午3时，中国人民解放军第四野战军第十五兵团的先头部队到达田心村，大部队在第二天早晨进入广州。广州东北郊人民游击队连夜部署工作，迎接南下大军，引导大军进城。太和、沙河地段广从公路上，尘土飞扬，大批败退的国民党军队有如决堤的洪水，四处流窜。10月15日凌晨，广州公路太和路段田心、黄庄、同和3个村庄都设置了茶水站，各村的人民群众擂鼓鸣锣、挥旗舞狮，欢迎中国人民解放军。

广州解放时，广州东北郊人民游击队引导大军进城，并在沙河、太和一带接管国民党乡政权。中共党员陈鹏率领沙河武工队接管沙河国民党警察分局，中共党员梁池率领禺东武工队接管东圃镇，中共党员刘润率领武工队接管鱼珠。

此外，各武工队也陆续接管国民党乡政权，中共石井支部组织了四五十人的武装队伍，以"广州东北郊人民游击队石（井）恩（洲）区农民起义军"的名义进驻石井圩，接管了石井兵工厂。

1949年11月，市郊有沙河、新洲、芳村、三元、南岸、石牌、沥滘7个区，并成立了各区工作委员会。1950年6月，各区工作委员会撤销，成立各区党委。同年8月，成立郊区工作委员会，领导市郊7个区党委。1951年8月，市郊7个区调整为白云、西村、新滘、芳村4个区，分别组建区党委。1954年6月，市郊4个区调整为白云、新滘、黄埔3个区，相应设立3个区党委。

3. 反"三征"

1949年夏，中共珠三角地区工委在顺德县容奇乌坭塘召开会议，强调放手发动群众，反对国民党"三征"，积极开展游击战争，扩大武装部队，组织人民武装，准备迎接解放军南下解放广东。1949 年 4 月，中共党员李汉光在太和地区组织"农民大同盟"，这支队伍一开始就有 30 多人，20 多支枪，在帽峰山周边地区发动群众，开展反对国民党"三征"的斗争，受到当地群众的拥护。这支队伍后来被编入广州东北郊人民游击队第一区队。

中国人民解放军粤赣湘边纵队东江第三支队

1948 年 3 月，为适应对敌斗争的需要，中共中央香港分局决定，成立中共江北地委，并将江北地区的武装力量统一编为广东人民解放军江北支队，委任黄柏为司令员，王达宏为副司令员，黄庄平为地委书记兼支队政委，陈江天为政治部主任。下设 4 个团，增龙边区为二团，并成立中共增龙县委。

1949 年 1 月，经中共中央批准，成立中国人民解放军粤赣湘边纵队东江第三支队（简称"东三支"），黄柏任司令员，王达宏为副司令员，黄庄平为政委，陈李中为政治部主任。增龙边区队伍也奉命改编为中国人民解放军粤赣湘边纵队东江第三支队二团。

东三支以帽峰山为活动中心，逐步向西南靠近广州的平原地区扩展，是中共江北地委领导的人民武装力量。为了粉碎国民党反动派"肃清平原，围困山区"的第二期"绥靖""清剿"计划，1948 年 9 月，中共江北地委针锋相对地提出了"巩固原有基础，相机发展，大胆开辟新区，建立新的斗争基地"的工作方针，任命钟育民、崔楷权为平原工作正、副特派员，并决定组织两支短小精干的队伍，插入广州郊区和广九铁路沿线开辟平原地区，牵制敌人对山区的"清剿"和为配合南下大军解放广州做准备。

以东三支二团副团长朱骥为总队长、二团副政委崔楷权为政委的东三支直属先遣总队，于 1949 年 4 月间，开赴广州郊区的番禹北部帽峰山、增城西部油麻山、从化南部天山一带，以帽峰山为中心开展活动。东三支司令部领导所属部队，积极主动向驻在增龙地区的国民党反动派发动进攻，先后发起战斗数百次，策反反动自卫队起义多次。其中较著名的战斗有上坪战斗、低垅伏击战、攻克正果战斗、解放龙城战斗以及平陵小塘阻击国民党军一五四师南逃战斗等。

一、成立禹北办事处

1949 年 8 月，为配合南下大军解放广州，成立了禹北办事处，由东三支司令部直接领导，主任许明，副主任孔德楠、李维刚，驻地江高镇。办事处设秘书室、民政股、军事股、文教股、财粮股，有 200 多人，两个直属大队，还有直属警卫队、学生中队、文工队、群工队，分政权系统和军事系统。政权系统主要是委派和领导各乡开展工作，当时，在办事处没有派出新乡长之前，各乡政权暂时由旧乡长代行，他们接受办事处派出的特派员或指导员领导。主要工作是策反国民党地方团队，扩大民兵力量；查清沿途公路、铁路、飞机场、港口以及国民党军队据点、力量部署、调遣情况；弄清广州市内军政机关营房和仓库情况；发动群众做好支前工作。

禹北办事处还成立支前指挥所，对所属乡村深入调查，发动群众，征借和运送粮食。人民群众积极响应，有力地支援了前线。1950 年 3 月，支前指挥所圆满完成任务后撤销。

二、收编接管国民党乡政权

东三支直属先遣总队进入禹北后做了不少工作：一是接收当地党员，恢复健全党组织活动；二是宣传党的政策，开展政治攻势；三是恢复和建立农会，发展民兵组织；四是分化瓦解敌人，扩大游击队伍；等等。

1949 年 10 月 10 日，禺北办事处收编了太和、龙归、鸦湖、蚌湖、江村、高塘、人和、石井、鸦岗等乡国民党地方武装 8 个大队、16 个中队，改编为后备民兵队，并得到了东三支司令部的传令嘉奖。随后，又接管了龙归、江村、高塘等国民党乡政权。10 月 12 日，禺北办事处主任许明通过有关人士策动了禺南沙湾县民众自卫总队第五大队大队长黄锦星，带领 15 人向禺北办事处投诚，上缴轻机枪 2 挺，长、短枪 11 支。10 月 13 日，禺北办事处沿广从公路由北向南接收各乡旧政权，发动群众接待过境大军。10 月 14 日，禺北办事处在太和圩与南下大军会师，引导部队进入广州市区，并在沿途中继续接收各乡旧政权和警察所。

禺北办事处管辖仁风、嘉禾、太和、同升、兴仁、北兴、共和、凤凰、同文、鸦湖、蚌湖、江莲、同高、和风、佛岭、石井、均和共 17 个乡，统领两个直属大队（1949 年 11 月直属大队改为营）。在接管中，禺北办事处成立乡公所筹备委员会，发布安民告示，责令旧乡长交出档案、公物等，收缴枪支弹药共 2.4 万件；委任正、副主任或代理正、副乡长，建立乡人民政权，维持社会治安，保护人民财产安全。附设江村、龙归、钟落潭 3 个税捐征收站，办理军公粮食的征收与供应。1949 年 11 月，17 个乡划归番禺县管辖，禺北办事处撤销。

第六章

迈向光明　探索前行

广州是国民党反动派在南方的最后一个巢穴，也是国民党反动派统治了 20 余年的城市。1949 年后，尽管广州已经迎来了解放，但反动派的残余势力还没有彻底消灭，而此时郊区还未进行土地改革，处在青黄不接的时节。禺北是匪特比较多的地区，为了巩固新生的人民政权，保障人民的生命财产，稳定社会治安，恢复和发展生产，在广州市委的领导下，禺北地区开展了清匪反霸、减租退押、土地改革运动，迎来了政治上的光明。

第一节 土地改革与抗美援朝

一、群众性的剿匪运动与曲折的土地改革运动

1949 年，广州市委在郊区开展清匪反霸、减租退押的斗争，禺北区委也成立了剿匪工作委员会，区委书记李汉光为主任，开展清匪反霸运动。在党的领导下，一场群众性的剿匪肃特工作在郊区展开了，农民积极地配合工作，收缴枪支，逮捕土匪，并扫荡了匪特常赖以活动的鸦片烟馆。一个多月间，捕获土匪恶霸 100 多人，其中土匪"副司令"张斯玲被俘，匪首曾洪洲携械投降，缴获机枪数挺、长枪 1000 多支、短枪 9 支及其他军用品一批。击毙了惯匪两人，一个是在禺北横行霸道十几年的杨进怀；一个是同升乡竹料圩的冯锐。

1950 年 2 月，以土匪头子张镇明为首的反动势力纠集 400 多名匪徒，在良田村金花庙将秋征建政工作人员杜子骏、谢汝金、沈容珍、沈秀华、曹沛霖、曹柳湘杀害，史称"良田血案"。

3 月，中国人民解放军粤赣湘边纵队文工团员庄鎏、张冰、郑云等到龙塘村宣传征粮，被埋伏的匪徒开枪击伤并掳走，备受严刑毒打，最后英勇牺牲。后竹料人民公社建起了纪念碑亭，将三烈士事迹刻于碑上。

1951 年 3 月，太和乡破获企图爆破广州飞机场的"谢活荣特务爆炸组"，抓捕土匪 6 人。1952 年 7 月，歼灭土匪头目 1 人，

众匪 4 人，俘虏土匪头目 10 人，众匪 30 人，收缴一大批枪支弹药及军用物品。此后，禺北、禺东地区的社会秩序初步稳定。

清匪反霸运动不仅打击了国民党反动派残余势力，还消除了群众的后顾之忧，调动了群众的积极性，使征粮工作得以顺利进行。清匪反霸、减租退押运动，使郊区的农会更加健全和巩固了，也为土地改革准备了条件。

解放军和地方干部开赴农村开展征粮工作

广州郊区的土地改革是全省最早进行的，由于其社会基础的特殊性，土地改革运动比较曲折，"是经过了激烈的斗争完成的"。禺北、禺东土地改革运动主要有三个阶段：土地改革试点、土地改革实施和土地改革复查。

第一阶段是土地改革试点。1950 年冬，番禺县根据中央人民政府公布的《中华人民共和国土地改革法》，成立土地改革委员会，开展土地改革运动。首先以二区东平乡为试点，取得经验后，再全面铺开。东平乡群众基础较好，1950 年 12 月，番禺县举办土地改革试点干部训练班，随后工作队进入东平乡开展工作，主要方法是从反霸和整顿基层入手。1951 年 3 月，东平乡土地改革试点工作结束，政策贯彻得比较好，为番禺县全面开展土地改革运动提供了经验。

第二阶段是土地改革实施。1951 年 4 月，番禺县铺开第一批土地改革运动。9 月，召开两级干部会议，决定集中一段时间整顿工作队伍，整顿结束后扩大土改乡范围，共有 45 个乡，其中 15 个重点乡。在重点乡中有禺北的鸦湖、石马、石湖、大田、谢家庄和禺东的长湴等，1952 年夏收前完成土改任务。1952 年 7 月，禺北土地改革委员会成立，由番禺县委第二书记叶舟任主任。土地改革运动采取全面铺开、重点加强的方法，其中重点乡有禺北的望岗、南岗、石马和夏茅 4 个乡，10 月底完成土地改革工作，历时 100 天。1952 年 12 月，开展最后一批土地改革运动，共有 37 个乡，涉及 12.08 万人，1953 年 3 月底结束，历时 4 个多月。

在土地改革中，禺北、禺东坚决贯彻执行土地改革的总路线，放手发动群众，开展一系列的斗争，学习推广中山县"六步三关一条线"的经验：六个步骤，即访贫问苦、扎根串连、组织队伍、查察敌情、算剥削账、追退果实；三个关键，即划分阶级、丈量田亩、分田到户；一条线，指走群众路线。从而，有步骤、有计划地进行土地改革运动。

第三阶段是土地改革复查。1952 年夏，禺北、禺东进行土地改革复查，目的是"结束土改，确定产权，定产发证，安心生产"。通过复查，确认产权，保证土地改革后新的生产关系的稳定，以巩固农村的社会秩序，保护农民的积极性，大力兴修水利、积肥，发展生产。1953 年，农业生产增产增收，比 1952 年增产 20%～20.5%，有的亩产达 535 千克。1953 年秋，土地改革复查结束。

禺北、禺东土地改革的胜利完成，使广大农民在政治上得到翻身，从根本上消灭了封建剥削制度，肃清了土匪和反动地方武装，摧毁了农村的封建势力，锻炼和培养了一大批农村干部，建立了农会和乡村政权，为国民经济的恢复和发展创造了条件。

二、声势浩大的抗美援朝运动

1950 年 6 月，朝鲜战争爆发。战火燃烧到中国边境鸭绿江，国家的安全、人民的财产，受到外国侵略者的严重威胁。中共中央作出抗美援朝保家卫国的重大决策，组建了中国人民志愿军，与朝鲜人民一道并肩抗击美国侵略者，全国人民坚决响应中共中央的号召，广州郊区也掀起了声势浩大的抗美援朝运动。

一是进行大规模的宣传活动。郊区的干部和群众积极参加时事学习，传达和讨论叶剑英市长的形势报告，发动反对美帝国主义侵略朝鲜的和平宣言签名运动，市郊各区成立抗美援朝支会，各乡成立分会。各乡召开大小控诉会，揭露美帝国主义、日本帝国主义的暴行。三元里区接受抗美援朝宣传教育的群众达 80% 以上，全郊区有一半以上的群众接受抗美援朝的宣传教育。

二是发动群众参军参战。1950 年 11 月，郊区 20 多个农民参加会议，听取叶剑英市长的报告。回到乡里后迅速开展广泛宣传，传达叶剑英市长的报告精神。干部群众决心以实际行动支援抗美援朝，继续做好收缴私枪、加强民兵训练等工作。同德乡农民要求参加志愿军的青年有 9 人，三元里很多青年踊跃报名参加了志愿军。他们为朝鲜人民、为保家卫国，血染沙场。禺北人和镇秀水村的青年团员曹焯贤所在排在坚守临津桥的激战中，27 天击退敌人几十次进攻，英勇地保卫了临津桥，被命名为"功臣排"。1952 年 6 月的某天早上，该排遭到美军毒气弹的袭击，曹焯贤不幸中毒牺牲。神山镇聚龙村的黄钊所在连在一次战斗中激战 7 天，坚守津江沿岸的一个山头，黄钊手持冲锋枪猛扫敌人。后来，他在反攻追歼敌人的途中不幸中弹牺牲，年仅 27 岁。人和镇西成村的梁梓祥任志愿军某排排长，1951 年 8 月，在"三八"线的一次战斗中牺牲。据史料记载，番禺县在抗美援朝中牺牲的烈士有 52 人，其中禺北占了 32 人。

三是广泛发动人民群众捐献飞机大炮。1951 年 6 月 1 日，中国人民抗美援朝总会发出推行爱国公约，捐献飞机大炮和优待烈军属的号召，郊区人民热烈响应。6 月 5 日，中国人民志愿军代表柴川若到达广州，在中山纪念堂向广州人民报告朝鲜战场的英雄事迹，共 23 场。郊区组织农民到场听报告，柴川若还到白鹤洞培英中学做报告，极大地鼓舞了郊区人民，坚定了抗美援朝必胜的信心，进一步把捐献飞机大炮活动推向新的高潮。螺涌、同德、江夏等村超额完成捐献计划，特别是人口仅 490 人的螺涌村捐献了 1500 多万元（旧币，下同），超过认捐额 120 多万元。三元里有 90% 的居民踊跃捐献，不到一个星期就认捐 4 亿多元，稻谷 5 万多千克，金银首饰 80 多件，超额完成捐献任务。全区在 10 多天内就认捐逾 11 亿元，稻谷逾 6 万千克，农民还捐出了金戒指、金耳环等贵重物品，并把捐献计划写进爱国公约中，到 11 月底，缴款 2.1 亿元。禺东、禺北人民制定爱国公约，积极响应"万元运动"，每人每月节约 1 万元捐献。

在捐献中涌现了许多动人的事迹：青年农民组织打柴队，将卖柴收入全数捐献出来，工人捐献一两个月的薪金，工商界也积极捐献。龙归南村一位 80 多岁的老阿婆，她把年轻结婚时丈夫送给自己的、保存了几十年的金戒指也捐献出来。竹料寮采村一个农民的妻子，她把两个月前订婚的饰物信礼也捐献出来。

四是开展增产节约运动。各行各业纷纷修订和推行爱国公约，以增加生产节约开支为基本方针，长期支援朝鲜前线。

在长达三年的抗美援朝运动中，郊区人民激发出极高的革命和劳动热情，充分表现了郊区人民高度的爱国主义和国际主义精神，为恢复国民经济和推动各项社会改革做出了积极的贡献。在这个过程中，还涌现出一批生产能手和积极分子，发展了一批党员和团员，健全和巩固了党在农村的领导权。

三、镇压反革命运动

抗美援朝战争爆发后，隐藏的反革命分子再度嚣张，认为美、蒋"反攻大陆"时机已到，明目张胆地进行破坏活动，向人民进攻。1950 年 7 月和 10 月，中共中央、中央人民政府政务院和最高人民法院先后发出有关镇压反革命活动的指示后，市郊 7 个区于1951—1953 年开展镇压反革命运动，打击土匪、恶霸、特务、反动党团骨干和反动会道门头子五个方面的反革命分子。

镇反运动分三期进行。第一期自 1950 年底至 1951 年 10 月，结合土地改革、清匪反霸运动进行，运动初期主要是纠正内部对反动势力宽大无边的思想，统一认识，至 1951 年 4 月下旬形成运动高潮。第二期是 1952 年，当时全区在案的 252 人中有 184 名反革命分子受到惩处，其中被处决的占 12.7%、关押的占 40%、管制的占 20%，其余交群众监督。第三期是 1953 年，结合土地改革复查进行，重点解决镇反不够彻底的问题。工作步骤为：一是宣传政策，摸清情况；二是查阴谋，报上当，收缴武器、证件、旧档案；三是"三查"（查漏网、查群众发动情况、查政策贯彻）、"三追"（追黑枪、追证件、追旧档案），打击残敌；四是做好管制对象的材料、结论和核实工作；五是整顿民兵，建立治安保卫委员会，宣布管制名单。经过三期镇反运动，市郊各区的反革命分子 99.2% 已被处理。

1952 年 2 月中旬，广州市郊 4 个区分别成立增产节约委员会，在国家机关工作人员中开展反贪污、反浪费、反官僚主义的"三反"运动。运动分四个阶段进行：第一阶段为动员学习、民主检查，领导"下水洗身"；第二阶段为坦白交代、检举揭发，贯彻改造与惩治相结合的方针，分批进行"打虎"（即揪斗贪污分子），贪污分子要停职反省，情节较轻且能坦白交代的则予以释放；第三阶段为对贪污分子取证定案，追赃处理；第四阶段为思想和组织建设，包括批判思想、划清界限、作鉴定和"三反"总结、提合理化建议、订立制度。运动于 6 月底告一段落，当时全区参加"三反"运动的干部有 222 人。

郊区在"三反"运动的基础上，开始了"五反"运动。1952年 1 月，广州市第四届第三次各界人民代表会议通过了《关于继续深入反对贪污、反对浪费、反对官僚主义运动和开展反行贿、反偷税漏税、反盗骗国家财产、反偷工减料、反盗窃国家情报运动的决议》，拉开了"五反"运动的序幕。3 月，郊区成立"五反"运动会所，在郊委的领导下开展"五反"运动。运动以工人、店员为主，发动群众，有计划、有组织地进行。

"三反""五反"运动的开展，教育了广大干部，对于形成健康的社会风气有很大的作用。同时，在私营工商业中，加强了党的工作，建立了工人、店员监督生产制度和实行了民主改革。

从新民主主义到社会主义的过渡

经过三年努力，郊区完成了民主革命遗留下来的任务，恢复和发展了农业生产，巩固了人民民主政权，新民主主义建设取得了很大的成就，为社会主义制度的建立打下了坚实的基础。党的过渡时期总路线提出之后，郊区制定了第一个五年计划，完成了对农业、手工业和资本主义工商业的社会主义改造，实现了从新民主主义到社会主义的过渡。

一、建设民主政治制度

人民代表大会制度作为新中国的根本政治制度，是《中国人民政治协商会议共同纲领》明确规定的。1953 年 1 月，中央人民政府举行第 12 次会议，决定由下而上渐次召开乡、县、省（市）各级人民代表大会，此后又公布《中华人民共和国全国人民代表大会和地方各级人民代表大会选举法》。

1953 年 5 月，郊区进行普选试点工作。1954 年第一季度，各区基层普选工作全面展开。1954 年 7 月，各区分别召开第一届人民代表大会第一次会议。白云区于 1954 年 7 月 2—6 日召开第一届第一次人民代表会议，出席代表 68 人，收到代表议案 50 件。大会听取了区委书记曲战利《全区人民动员起来，大力开展互助合作运动》的报告、区长刘步霄《广州市白云区人民政府 4 年来工作总结和今后中心任务》的报告和《学习宪法草案》的报告。

大会通过了政府工作报告的决议：继续深入地向各区各阶层人民宣传和贯彻党的过渡时期总路线，大力开展以互助合作为中心的生产运动，积极而稳步地发展互助组，完成 1954 年组织起来的农户占总农户数 40% 的任务，做好统购统销和征粮工作，促进对农业、手工业和资本主义工商业的社会主义改造以及其他文教卫生等工作。大会还通过了普选工作报告，选举产生出席广州市第一届人民代表大会代表 12 人。

1955 年 1 月 15 日，白云区召开第一届第二次人民代表会议，出席代表 58 人。会议补选一名广州市第一届人民代表大会代表。6 月 26—29 日，召开第一届第三次人民代表会议。会议听取和审议了区人民委员会《农业合作化工作报告》。10 月 19—20 日，召开第一届第四次人民代表会议。会议选举区长、副区长、区人民委员会委员、区人民法院院长，提出区人民检察院检察长建议名单。

白云区第一次人民代表大会的召开，结束了由区各界人民代表会议代行人民代表大会职权的过渡阶段，标志着中国社会主义最根本的政治制度的建立。人民代表大会以法律的形式，把国家基层组织形式固定下来，是民主政治制度建设一个重要的里程碑，对于动员郊区人民实现党在过渡时期的总路线，保证郊区第一个五年计划的实现，起到了重要作用。

中华人民共和国成立后，党的干部队伍迅速扩大，干部成分比较复杂。1953 年 11 月，中共中央作出《关于审查干部的决定》。1955 年 4 月以后，郊委开始审干工作，由于郊区县科级干部不多，在调查研究阶段的中期（1955 年 7 月）审干工作停了下来，全部投入肃反运动。

1955 年 10 月，中共中央发出《关于审干工作同肃反斗争结合进行的指示》，指出审干工作应同肃反斗争密切结合。按照中共中央的规定，郊委恢复审干机构，1956 年 3 月，第一批审干工作结束。第二、三批审干工作与肃反运动结合进行。郊区根据中共中央和广州市委的指示，成立肃反领导小组，开展肃反运动。运动分四批进行，涉及机关、学校、大中小工商企业、手工业、小商贩、搬运工人、三轮车工人等。在这次大规模的审干肃反运动中，郊区从机关、学校、工厂、企业等基层组织中清查出一批反革命分子和破坏分子，纯洁了革命队伍，进一步巩固了人民民主专政。

二、制订"一五"计划，实施"三大改造"

随着土地改革的基本完成和国民经济的迅速恢复，中共中央决定从 1953 年开始实施发展国民经济第一个五年计划。1955 年 12 月，广州市第一届人民代表大会第三次会议通过了《关于贯彻执行广州市发展国民经济第一个五年计划的决议》。根据广州市第一个五年计划，郊区提出了今后的任务，制订了"一五"计划，主要是对农业的社会主义改造；加强对手工业的社会主义改造；加强对私营商业小商贩的管理和改造。其中最重要的是加快农业合作化的进程，促进农业生产的大发展。

党在过渡时期总路线中提出的"三大改造"任务，首先是从农业的社会主义改造开始。郊区根据广州市委的布置，在土地改革的基础上，领导农民开展对农业的社会主义改造，大体经历了三个阶段：

1960 年，广州市郊区竹料公社米岗大队村景

第一阶段是农业合作化的初级阶段，从新中国成立

初期开始，以互助组为主，并试办了初级社。初期由几户农民变工互助的形式，组织起临时互助组，如禺北良田村的前进互助组、江村地区的江国瑞互助组等。后来，在党组织的帮助下，互助组逐步发展壮大，每组从 3 户扩大到 7 户，并由临时互助组发展为长年互助组。这种互助合作的形式对农业增产有很大的推动作用，在抗灾中也显示出力量，1951 年 4 月和 6 月，洪水二次来袭，三元里、同德等处的低围田受到威胁，在区防汛指挥所的领导下，5 个乡成立了防汛大队，动员了 3391 人，工作了七昼夜，第一次抢救了 2100 亩（140 公顷），第二次基本上脱险。这一年虽然遭遇了水灾，平均亩产却比 1950 年增产 15%，总产量比 1950 年增产 20%。

第二阶段是初级农业合作社。1953 年 12 月，中共中央发出《关于发展农业生产合作化的决议》。1954 年初，《关于发展农业生产合作化的决议》的传达贯彻与过渡时期总路线宣传教育工作同时开展，在农村掀起了大办农业社的热潮。郊区在 1 月底开始建社试点工作。1954 年夏收后开展秋季建社运动，到 1955 年夏收前，郊区共建成初级农业合作社 215 个，入社农户 7036 户，占郊区农户总数的 18.98%。初级农业合作社使农业生产得到较快恢复和发展，禽畜饲养和副业也有所增加。

第三阶段是高级农业合作社。1955 年 10 月，郊区召开干部会议，学习中共中央、广东省关于农业合作化问题的指示，制订了农业合作化大发展的计划。1956 年 2 月底，郊区迅速实现了社会主义农业合作化，共建立 144 个高级农业合

1958 年 8 月底，三元里农民庆祝人民公社成立

作社，入社农户37172户，占郊区农户总数的99%。高级农业合作社实现了土地私有变为共有，这是土地改革以后又一个伟大的变革。

同时郊区也开展了手工业合作化。1950年4月，郊区响应广州市委的号召，组织手工业生产合作小组、供销合作社、生产合作社，其中三元里有棠溪、王圣堂、瑶台3个合作社。初期的手工业生产合作社由原来的家长制、师徒、雇佣关系逐渐改变为合作关系，分散的生产过程逐渐改变为集中的生产过

1956年，江夏乡社员在收西瓜

程，生产资料的私有制逐渐改变为集体所有制，克服了个体生产和经营上的盲目性，提高了劳动效率。1951年，郊区整顿合作社，建立供销合作社，三元里建立新市、三元里供销合作社与同德、沙涌和江夏3个门市部。

过渡时期总路线公布以后，手工业的社会主义改造进入新的发展阶段。1954年4月，郊区根据中共中央和广州市委、市政府的决定，相应设置了手工业科，成立了手工业劳动协会，铺开对个体手工业的社会主义改造。1955年底到1956年，郊区手工业合作化发展迅猛，禺东、禺北基本完成对手工业的社会主义改造，共有手工业合作社24个、606人，生产小组38个、249人，个体手工业户287户，多数是竹、木、铁农具行业。

对私营工商业的社会主义改造，是过渡时期总路线布局中重要的一翼。过渡时期总路线提出以后，郊区对私营工商业进行社会主义改造，到1954年，郊区粮食加工厂多数转为公营厂，国营商业和供销社掌握了主要商品资源。随后，对粮食等重要农产品

也采取统购统销。到 9 月，郊区各私营批发业务基本停止。1956 年 11 月，郊区对私营工商业的社会主义改造基本结束。改造完成后的禺东、禺北地区，共有工厂 10 间，包括地方国营江高电厂、公私合营江高犁头厂、利群毛巾厂、江高酒厂等。

"三大改造"的基本完成，实现了生产资料所有制的深刻变革，社会主义经济制度在郊区初步建立起来，发展了生产力，改善了人民的生活。

三、社会事业长足进步

在过渡时期，郊区继续贯彻党的科教文卫政策，使科教文卫事业取得了长足的进步，有力地促进了社会的进步和发展，提高了人民的物质文化生活水平。

教育事业方面。郊区根据中共中央提出的"整顿巩固，重点发展，保证质量，稳步前进"的教育方针，明确了教育工作以教学为中心，纠正了不良弊端，提高了整体教学质量。到 1954 年，全区小学生数与 1949 年相比增加了 43.3%，建立和培养了三元里小学、京溪小学等较为有名的小学以及广州市第八中学（今广州市培英中学）、番禺县第四中学（今广州市第六十五中学）等重点中学。继续发展工农业务教育。1953 年 1 月，三元里开办了农民业余速成识字法实验班，这是广州市在农民中推行速成识字法的第一个试点班，共招收了 4000 多名农民学生，其中 70% 是文盲。广州市扫盲工作会议介绍了办班的经验，郊区的群众教育事业发展推动了农村的文化建设。

文化事业方面。1956 年，郊区 147 个农业社有 84 个建立了社和联社俱乐部，6 月成立了郊区文化馆，文化馆充分利用文艺手段对郊区群众进行社会主义教育，丰富了农村的文化生活和农民的精神食粮。

卫生事业方面。郊区大力开展以"除四害"（苍蝇、蚊子、老鼠、麻雀）为中心的爱国卫生运动和群众性的预防工作，极大改善了郊区的环境卫生。1956年6月，区卫生所改为卫生科，10月成立了区卫生防疫站，基本普及了区、社两级医疗卫生机构。郊区积极贯彻"预防为主，医疗为辅，速医速愈，避免蔓延"的方针，组成巡回医疗队深入边远的乡村，在抗旱、防洪时组成救护队到现场救治，在水利建设工地上设立临时医疗站。妇幼保健工作也得到了发展，到1956年，郊区有接生站26个，接生员173人，接受新法接生的产妇达99.07%。由于郊区卫生事业的发展，城乡的卫生面貌也发生了很大的变化，人民的健康水平有了普遍的提高，平均寿命比新中国成立前大大延长。

体育事业方面。新中国成立前，区境广大农村只有自发的传统体育活动，如武术、醒狮等，巴江河、流溪河沿岸的乡村还流行划龙舟。抗日战争胜利后，篮球运动才开始在区境农村普及。新中国成立后，特别是1958年郊区体育运动委员会成立之后，体育事业被列入政府的一项工作，此后每年都开展群众体育竞赛活动。随着时间推移，赛事项目、参加人数都越来越多，竞技水平也越来越高。1951年元旦和1952年12月，郊区人民分别参加了番禺县首届运动会和番禺第十区首届运动会。1958年，人和公社第一届运动会在人和中学举行。与此同时，郊区也向上输送体育人才，有学校输送的，有镇、街、系统输送的，有被上级物色个别吸收的。其中，仅是1956—1987年输送运动员就有48人次，包括著名足球队队员古广明、第六届全运会女子跳水全能冠军关雪清等。

科技事业方面。随着郊区农业科学技术推广机构的建立和健全，农业科学技术得到了发展。郊区积极组织农技人员和农民群众学习农业技术知识，选育和推广良种，推广新式秧田，进行病虫害的综合防治。从 1954 年开始，郊区许多单造田逐步改为双造田，旱地改为水田。这时期，郊区既是广东农业生产和技术水平较高的商品基地之一，也是甘蔗、柑橙、荔枝等作物的重要产区。农业合作化后，郊区大力发展农机工业，相当一部分传统农具逐渐被机械化半机械化的农具所取代，使生产水平有了较大提高。

7

第七章

空港新城　时代新篇

1957—1978 年，郊区先后经历了社会主义建设的曲折发展阶段、"文化大革命"十年内乱、拨乱反正中徘徊前进。中共十一届三中全会后，郊区认真落实党的各项政策，大胆探索、实践，开拓、创新，迎来了时代的新篇章。

1975 年 5 月，从郊区萝岗公社划出南岗、夏元、南湾、沙浦、庙头、笔岗、沧联 7 个大队归黄埔区管辖。其时，广州郊区辖 14 个公社：三元里、石龙、萝岗、人和、太和、石井、竹料、九佛、钟落潭、江村，以及东圃、沙河、鹤洞、新滘，另有一个珠江渔业联社。郊区的建置与区划进入一个相对稳定的时期。

1987 年 1 月 23 日，广州市郊区更名为白云区，被列入城区建制，白云区的城市化进程加快了脚步。

进入市场经济时代后，白云区更取得了重大的成绩：从 1990 年地区生产总值 15.24 亿元，到 2011 年以 1076.35 亿元迈进了广州市千亿元俱乐部，实现了由分散走向集聚、由荒芜走向繁荣、由低端走向高端，区内发生了翻天覆地的变化。

2011—2015 年，时任中共中央总书记、国家主席、中央军委主席胡锦涛，时任国务院总理温家宝，国务院总理李克强先后来到白云区，考察调研了白云区的保障性住房建设、就业、工农业发展、"三旧"（旧城镇、旧厂房、旧村庄）改造和外来工生活等，为白云区经济社会发展指明了方向，提供了根本遵循。

发挥党的核心领导作用

中共十一届三中全会后，郊区党组织在指导思想上拨乱反正，平反冤假错案和处理历史遗留问题，认真落实党的各项政策，调整社会关系，调动一切积极因素，促进社会安定团结，推动现代化建设。与此同时，加强郊区党的建设，在"调整、改革、整顿、提高"八字方针的指引下，郊区是广州市属农村8县2区中领导机构最早明确支持农民推行联产承包责任制的地区，从而使郊区农业生产获得新的转机。

1980年底，中共广州市郊区第三次代表大会召开，会议号召郊区党组织加强和改善党的领导，贯彻中共十一届三中全会政治、思想和组织路线，把郊区建成副食品基地。同年召开第七届人民代表大会，恢复了郊区人民政府，并设立了郊区人民代表大会常务委员会。

1984年6月，中共广州市郊区第四次代表大会召开，会议提出"改革开放，搞活经济，服务城市，富裕农村"方针。1985年春到1986年底，郊区分四批完成整党任务，发展社会生产力成为郊区工作的中心和出发点。

1987年，郊区更名为白云区。中共十三大召开后，区委根据十三大精神，结合白云区经济社会现状，制定了白云区今后较长时期经济社会发展的总目标和总方向。以中心城区为依托，以内外贸为导向，以建设城郊型、外向型经济为目标，以发展鲜活农副产品和乡镇企业为重点，逐步把白云区建设成为工农结合、城乡一体化、生态平衡、环境优美、文明富裕的新城区。

1992年，区委贯彻邓小平"南方谈话"重要精神，坚持以经济建设为中心，以追赶"亚洲四小龙"为目标。全区经济建设出现了较高速度增长的发展趋势，"两个文明建设"跃上新台阶。

2000年，白云区公开选拔处级领导干部

1988—1998年，区委在抓经济建设、改革开放、精神文明建设的同时，十分重视抓好党的建设和国家政权建设，加强党的思想理论建设，加强各级领导班子建设，加强党的基层建设，加强党风廉政建设，从而加强了执政党的地位和发挥了党的领导核心作用，巩固、加强和完善了人民民主专政和社会主义制度，为实现白云区社会主义现代化建设提供了有力的组织保证。

进入2000年后，白云区行政管理体制不断规范完善，开展了数次政府机构改革，服务型政府建设取得新进展，为全区经济社会发展提供了强有力保障。

2008年12月26日，白云区政务服务中心开业仪式

第二节 农业迈向现代化

一、解放思想，率先实行包产到户

1978年12月，郊区发出关于认真学习《中国共产党第十一届中央委员会第三次全体会议公报》的通知，在全区掀起学习贯彻三中全会精神的热潮。

中共十一届三中全会后，为了适应经济社会的发展，区委、区政府根据上级指示的精神，结合本区的实际情况，坚持试点先行、总结经验、尊重群众的意愿、逐步推广的做法，对农村经济体制进行了一系列的改革，收到了明显的社会效益和经济效益。

1978年，中共郊区区委批转了区委农村部《关于建立和健全生产责任制的意见》，要求各社队恢复"文化大革命"前实行过的"超产奖励""评比奖励"的生产责任制，使农村生产队的自主权逐步得到恢复，"文化大革命"前群众为改进生产队经营管理制度而采取的"分""包""标"等管理办法在一些地区重新出台，并取得较好的成效。如太和公社的谢家庄大队，1979年就普遍推行"包工到户"，其中第六生产队实行"包产到户"。穗丰十四队把低产田包给农户，实行"包产到户，超产归己"。1980年，谢家庄六队和穗丰十四队在全区大会上介绍了经验，使"包产到户"的做法在全区迅速推广，郊区率先在广州实行了家庭联产承包责任制。

实行家庭联产承包责任制，冲破了人民公社体制下土地所有权和经营权统一、经营高度集中带来的束缚，使农村社会充满了活力，农村经济迅速发展。1980 年与 1995 年比较，农业总产值由 1.19 亿元增加到 15.59 亿元（不变价）；农村经济总收入由 2.67 亿元增加到 141.96 亿元；农村人均年纯收入从 294 元增加到 5383 元。同时，由于集体经济实力的增强和劳动生产效率的大幅度提高，促使大量劳动力转向第二、三产业，推动了农村产业结构的合理调整。农民由于有了经营的自主权，增强了根据市场的需求来安排农事的意识，畜牧、水产业获得快速发展，因而又推动了农村饲料业的发展，使农村经济的行业结构和产品结构都发生了巨大变化，一个城郊型、商品型、多元化，由市场调控的现代农村经济开始形成，并且显示出勃勃生机。

二、"江高模式" 反响热烈

家庭联产承包以后，极大地调动了农民的积极性，加上食品市场的消费，刺激了畜禽业生产的迅猛发展。到 1983 年，江高镇就出现了近千户的家禽养殖专业户，少者养鸡上百只，多者过千只。随着市场经济的出现，使单家独户的经营受到了冲击，加上一些灾害，发展受到了挫折，还有许多专业户也遇到了养难卖难的问题。为了寻找出路，江高镇和江村大队开始试点，把长期亏损的镇办兽医站和村办鸡场转为个人承包。并完善了责任制，由这两个经济实体充当"龙头"，面向千家万户的农户，用包种苗、包防疫、包销售及包出口等办法与农民"挂钩"，赚了钱再分成给农民。这样既提高了养鸡的科技含量，又解决了农民养难卖难的问题，使农民走向富裕。这种新型的经济组合，即公司加农户，农、工、商"一体化"，产、供、销"一条龙"的"江高模式"，是郊区在改革开放中大胆实践、勇于创新的产物，得到省、市认可。随着"江高模式"在全区推广，许多省、市也纷纷效仿。

江村笼养供港大鸡

在"江高模式"的带领下，郊区走出了一条"公司＋农户＋基地"的产业化经营道路，江丰实业、光华鸽业、大鹏家禽、广丰企业、蚌湖农业开发公司等一系列企业先后诞生，带动辐射了全区的农户。

三、构建新型农业经营体系

随着城市化的不断发展，郊区的中、近郊有不少村、社的耕地已被陆续征用，集体经济从过去以农业为主，变为以第二、三产业为主。为了对农户的出路负责，巩固和发展原有的集体经济，需要探索农村经济体制改革的新路子。1987年，白云区在新市镇棠溪村进行了集体经济股份制的试点。基本做法是：在村（联社）成立股份公司，在社成立股份分公司，在坚持集体所有制不变的前提下（即集体财产不能分解、转移），对村、社的财产

（包括土地、物业和企业设备等）进行全面清查核算，折成现金资产，计出公司和分公司的股率，然后把这些股率量化到每一位股东（社员）。公司还成立了股东代表大会和理事会，分别行使决策权和管理权。1993年，区委、区政府在全区推广棠溪村的做法，要求各镇选一两个村搞试点，然后全面铺开。在探索农村股份合作制的实践中，各镇、街都总结出不少成功的经验。例如，神山镇五丰村设置了人口股、农龄股和承包股，按三种股份配置股权；石井镇大朗村按村征用或使用经济社的土地面积配置股权；三元里街三元里村根据自身特点实行三次分配，即第一次按劳动工分分配，第二次按集资资金分配，第三次按股份数（按农龄计）分配。

竹料马蹄

良田肉鸽

经过前后六年的试点工作，取得了实行农村股份合作制的初步经验之后，1994年区委、区政府在全区推行农村股份合作制。至年底，

龙塘萝卜

除村民散居于荔湾区闹市中的石井镇西郊村外，全区都实行了社区型股份合作制，为农村集体经济的持续发展，为村委会直选工作奠定了良好的基础。

白云区农业现代化建设不断加快脚步，新型农业经营体系得以加快构建，农业大户、农民合作社、龙头企业等新型农业经营主体不断涌现，集体经营、企业经营等多种经营方式共同发展的格局初步形成。到 2015 年底，全区区级以上农业龙头企业达到 27 家，比 2010 年增加 10 家，市级龙头企业有 18 家，在全市各区中最多，带动农户超过 8 万户；农民专业合作社达到 113 家，比 2010 年增加 97 家。农业产业结构不断优化，2014 年全区实现农业总产值 59.65 亿元，比 2010 年增长 32.29%，年均增长 7.25%，高于"十二五"规划目标。其中农业龙头企业年产值约 30 亿元，占据近半壁江山。

建设工业强区

一、完善与经济发展相适应的基础建设

加快基础建设，尽快改善区境的投资环境是发展区域经济的必要前提，从20世纪80年代至90年代中期，白云区委、区政府一直把基础设施建设作为一项重点工作来抓。从规划、论证、立项、筹资到施工、验收，步步求实，环环相扣。据统计，1991—1995年，全区累计完成固定资产投资达91.76亿元，比"七五"期间增长4.49倍。至1995年，区境内已初步建成以等级公路为骨干的交通网络，与经济发展相适应的供水、供电系统，以及全覆盖的电信网络。2017年，全区电信业务总量52.2亿元。年末，全区固话用户64.4万户，移动电话用户469.8万户，固定互联网宽带接入用户87.2万户，移动互联网用户469.8万户。

改革开放前，区境内公路运力很有限。20世纪80年代中期起，区、镇、村各级都把"要想富，先修路"的发展思路提到议事日程上来，组织各行各业集资，发动华侨、港澳乡亲捐资，采取"上级部门给一点，地方财政拨一点，各行各业集一点"的办法，解决公路建设资金不足的困难。为了更好地完成一批与省、市有关部门合作的重点工程，区政府还专门成立了公路建设指挥部，精心组织施工，按时按质完成工期。1990—1995年，新修、扩建、改造的上等级公路162.7千米，投资16.51亿元（不含广

清高速公路），其中一级公路有市、区合作的新广从公路，全长41.2千米，投资7亿元；广花公路，长20千米，投资2.2亿元；江高镇建的环镇路，长3.4千米，投资1853.7万元；钟落潭镇建的广从路—龙岗的公路，长1.6千米，投资650万元；新市镇建的石马—新科的公路，长3.4千米，投资1350万元；石井镇建的石井坽—广清高速的公路，长1.3千米，投资901万元；此外还有与省高速公路公司合作兴建的广清高速公路，区境路段长19.91千米。二级公路有市、区合作的广汕公路区境路段，长12千米，投资0.41亿元；市一环路，长25千米（另有支线8.5千米为三级路），投资2.2亿元；神山镇建的石南公路，长6.3千米，投资 0.45 亿元。

三级公路有神山镇建的商业大道，长 3.5 千米，投资 2300 万元；钟落潭镇建的虎头岭—新陂的公路，长 6 千米，投资 900 万元。除等级公路外，不少村也修建了铺水泥路面的村道，共有101条，总长177千米，总投资1.42亿元。此外，"八五"期间共修建桥梁100多座，其中桥长超过100米的有人和高增大桥和神山峡石大桥。公路网络的建设大大促进了交

广花公路

高增大桥

通运输业的发展。1995 年，全区有机动车 2.41 万辆，客运量651.37 万次，货运量 501.16 万吨。2017 年，全区交通运输、仓储和邮政业增加值 439.4 亿元；白云机场旅客吞吐量 6583.69 万人次，货邮吞吐量 233.85 万吨；全区公路里程 2017 年底到达数为 1539.49 千米，其中高速公路 187.84 千米，一级公路 121.42千米，二级公路 197.1 千米，三级公路 223.62 千米，四级公路554.98 千米，等外公路 254.53 千米。

20 世纪 80 年代中期以前，白云区只有近郊少数居民能饮用上自来水，中、远郊大多数群众只能饮用未经净化和消毒的井水或河水。90 年代起，各镇积极投资建造水厂，为了解决资金上的困难，采取了多渠道、多层次、多种形式筹资办法，先后建成了钟落潭、人和、竹料、太和、神山等镇的自来水厂。其中，蚌湖镇政府与私营企业以四六合资股份制方式共同投资 2400 万元，建造了日供水 2 万立方米的自来水厂。从 20 世纪 80 年代中期至1995 年底，白云区共建水厂 12 间，总投资为 1.45 亿元，建成管网总长 147.76 千米，日供水能力 23.03 万立方米，解决中、远郊农村 48.23 万人的饮用水问题，使这些地区 60% 以上村民喝上了自来水，也为这些镇村招商引资、发展企业创造了必要的条件。

1974 年，珠江三角洲大电网建成，区境内各镇村全部用上了电，但仅能满足照明和排灌之用，远远不能适应第二、三产业大发展的需要。"八五"期间，太和、竹料、神山、人和、钟落潭等镇先后与市供电部门合作，建成了 6 座 110 千伏的变电站，架设配套的 10 千伏架空线路和电缆，1995 年总供电量为 125817 万千瓦时。此外，区还在蚌湖兴建一间发电厂，年发电量为 1 亿千瓦时。供电网络的完善，为各镇村企业发展提供了足够的动力。

20 世纪 80 年代起，广州市的电信业开始发展，引进国际上先进的微波通信设备，大力推广程控自动电话，市区和近郊基本克服了打电话难的问题。1993 年，竹料率先建起中、远郊镇第一座电信大楼，建筑面积 1000 平方米，装机容量可达 4 万门；1994 年，太和、钟落潭等镇的电信大楼相继建成，广从线四镇的程控电话全面开通。神山、蚌湖的电话扩容工程也交付使用。至此，基本形成区境内全覆盖的电信网络，完全可以满足前来投资办厂的中外客商对现代通信设施的需求。

1991—1995 年，白云区共完成水利工程 62 宗，堤围达标 9.23 千米，小（Ⅰ）型水库达标 3 项，完成渠道硬底化 55 千米，整治渠道 850 千米，多次成功地抵御了特大洪水的威胁，保障了堤围内人、财、物的安全。

改革开放以来，随着经济社会的发展，各镇加快了镇区的规划和建设，努力把镇区建成全镇的政治、经济、文化中心。20 世纪 90 年代初，各镇都聘请了高等院校、省市有关部门的专业人士，协助编制本镇镇区的总体规划。至 1995 年，有 7 个镇的镇区总体规划获得市的批复并开始实施。"八五"期间，各镇结合旧城区改造，加快了新城镇的建设，按现代化城镇的标准，改造镇

1996 年，万客隆开业

区的路网、供水、供电、电信、排水和绿地等基础设施，镇区面积迅速扩大。至1995年，各镇镇区财政、金融、邮政、电信、供水、供电以及工商管理、交通管理、城市管理、劳动管理等职能部门机构齐全，商场、旅业、市场、医院、学校、环卫、公园等设施配套发展，使镇区的集聚功能得以进一步发挥。

随着以上几方面基础设施建设所取得的进展，大大改善了白云区的投资环境，招商引资成效显著，有效地增强了辖区经济发展的后劲。

二、"三资"工业快速发展

中共十一届三中全会后，特别是1985年之后，白云区工业生产迅速发展，工业经济类型结构也发生了很大变化，逐步形成了以公有制为主体，多种经济成分并存，多种经营管理方式共同发展的新结构。至1995年，白云区工业经济结构主要有国有、集体、股份、联营、个体、私营、"三资"（中外合资、中外合作、外商独资）和其他共8种经济成分。其中集体工业占全部企业户数的49.1%，占全区工业总产值的46.48%，在全区工业中占主导地位。其次是"三资"工业，1990—1995年间快速发展，1995年工业总产值已达15.68亿元，占全区工业总产值的22.44%。国有企业由于"三资"、个体、私营工业的比重上升，以及合资和股份改革，其工业比重由1985年的13.32%下降为1995年的4.16%。

白云区发展"三资"企业方面也是比较成功的。白云区是广东省的重点侨乡，也是港澳台同胞与海外侨胞之家。1986年，香港穗郊同乡会成立，推举在港的乡亲颜同珍、刘耀柱、凌礼康担任正、副会长。而且把长期在白云区落户的香港企业家都吸收进同乡会。通过举办"荔枝节"联谊会等活动，邀请在白云区投资

镇泰玩具厂

办企业的港澳台同胞参加，促进互相沟通、互相了解，为他们解除思想顾虑和解决实际问题。1987年，又成立了白云海外联谊会，进一步加强对海外侨胞的联谊工作。

与此同时，白云区加快基础建设，改善区境的投资环境。白云区规划了石井工业区、云埔工业区和美林21世纪三大片的开发区。1988年，白云区委书记李治元亲自率团到香港招商，香港《文汇报》用了16个整版介绍白云区投资环境、区域优势与优惠政策，引起了很大的轰动效应。1992年，李治元再次带队到香港进行招商引资工作，又通过香港《文汇报》及《大公报》大力宣传推介白云区，收到很好的成效。

白云区的"三资"企业在1984年只有9个项目，由于台商投资的制鞋厂发展迅猛，到1992年有48家，其中投资超过100万美元的有28家。1996—2000年间，白云区利用外资项目136个，合同利用外资3.2亿美元，实际利用外资4.27亿美元。到2017年，全区利用外资签订项目192个，实际利用外资1.11亿美元，批准利用外资2.38亿美元。

三、向社会主义市场经济体制转变

白云区工业行业比较齐全，1990—1995 年间，在国家分类的 40 个行业大类中占 32 个行业，并初步形成十大重点优势行业，分别是皮革制品、文体用品、食品加工、金属制品、服装、非金属矿物制品、塑料制品、造纸及纸制品、电气机械、食品制造。这 10 个行业工业总产值达 52 亿元，占全区工业总产值的 74.41%。其中第一大行业皮革制品业的工业总产值为 10 亿元，占全区工业总产值的 14.31%，排行第十的食品制造业产值也超过 2 亿元。此外，在 1985—1995 年这 10 年间，白云区出现了一些新兴产业，如电子及通信设备、电气机械，从无到有，比重不断上升；一些能源、原材料等基础工业，如发电、钢材、水泥等迅速发展。

"八五"期间，白云区工业企业加大固定资产投资额，引进先进设备，提高技术水平。据对主要工业生产设备的普查，20 世纪 90 年代出厂的设备占 66.75%，80 年代出厂的占 31.85%。进口设备和达到国内外先进水平的设备所占的比重明显增加。

白云区工业在取得飞速发展的同时，也为全区经济建设做出了重要贡献。1995 年，全区工业增加值为 20.43 亿元，比 1990 年增长 4.06 倍；工业占国内生产总值的比重为 29.57%，比 1990 年提高了 6.54 个百分点；实现利税总额 1.09 亿元，比 1985 年增长 3.74 倍。至 20 世纪 90 年代中期，由于全面贯彻党的十四届五中全会精神，以提高经济效益为中心，实现"两个转变"（经济体制从传统计划经济体制向社会主义市场经济体制转变、经济增长方式从粗放型向集约型转变），把工作的重心调整到全面提高经济增长的质量和效益的轨道上来，加快工业结构、产品结构的调整，加大改革力度，努力开拓国内外市场，推进了工业的持续、快速、健康发展。1995年，全区工业企业（包括乡镇企业、城镇个体私营工业）共2558家，从业人员11.85万人，工业总产值69.88亿元，比1985年增长10.58倍。

到2012年底，全区共有规模以上工业企业497家，完成规模以上工业总产值681.81亿元。

在规模以上工业企业中，大中型企业完成产值454.6亿元，增长17.6%，占全区规模以上工业总产值的66.7%。民营工业企业产值395.86亿元，增长18.1%。按登记注册类型分，其中国有及国有控股企业产值同比增长23.5%，外商和港澳台资企业产值增长15.1%，股份合作企业产值增长3.6%，股份制企业产值增长17.6%。分轻、重工业看，轻工业产值308.44亿元，增长11.2%；重工业产值373.37亿元，增长19.9%。轻、重工业产值比重的比例为45.2：54.8。

工业集聚效应成效明显。广州民营科技园、江高私企区分别完成规模以上工业产值38.44亿元和48.84亿元，同比分别增长25.8%和11.1%。高新技术为工业整体发展添动力。全区共有高

1997年12月23日，广州民营科技园奠基典礼

江高私企区

新技术工业企业 83 家，实现高新技术产品产值 218.18 亿元，同比增长 17.1%，占全区规模以上工业总产值的比重为 32%。

品牌发展战略稳步推进。2012 年末，全区拥有国家、省工业名牌产品 38 个，全年实现工业产值 183.67 亿元，同比增长 17.4%，占全区工业产值的 26.9%。

2017 年末，全区共有规模以上工业企业 550 家，完成规模以上工业总产值 684.68 亿元，总量在广州市各区位列第七，增速位列第六。

2016 年 3 月 22 日，广州白云电器设备股份有限公司正式上市

第四节 优三强二调一

在改革开放的进程中，白云区从单一农业经济到工业强区，再到第三产业迅速崛起并逐渐占据主导地位。1990 年，白云区三大产业结构的比例为 36∶30∶34，以第一产业为主。而到了市场经济时代，第二产业开始崭露头角，1993 年三大产业结构比例为 26∶41∶33。"十一五"期间，白云区推进"优三强二调一"战略，成效显现，三大产业结构由 2005 年的 4.9∶31.0∶64.1 调整优化为 2010 年的 2.8∶24.6∶72.6；"十二五"期末，三大产业结构比例为 2.1∶21.6∶76.3；2017 年末，三大产业结构比例为 1.9∶18.4∶79.7。

服务业主导地位得到强化。现代商贸和物流业发展态势良好，以广州白云万达广场和 5 号停机坪购物中心为重点的白云新城商圈雏形已形成，增槎路农副产品批发市场园区、梓元岗皮具城园

工业园区

区、白云化妆品集聚区、广东音像城等多个特色商贸集聚区完成
升级改造，广东林安物流公司作为龙头企业纳入省物流业调整和
振兴规划。创意产业集聚区基本形成，生态休闲旅游项目不断升
级改造，帽峰山配套设施不断完善，流溪河绿道建设、南湖国家
旅游度假区深度开发和头陂村"农家乐"项目稳步推进。

林安物流园

南湖国家旅游度假区

第三产业已经成为白云区财税增长的主要来源和经济增长的支撑力量。从白云区当前第三产业的门类来看，交通运输邮电仓储业、批发和零售贸易业、互联网及相关服务、软件信息技术服务业是白云经济增长的支柱行业，实现了从昔日"城郊工业主导型"经济向"城市第三产业主导型"经济的转变。

1985 年 7 月 1 日，东方乐园建成开业

与此同时，工业结构升级明显加快。电气机械、医药、化学原料及制品、通用设备、交通运输设备五大支柱行业进一步巩固和强化。"双转移"（产业转移、劳动力转移）工作取得实效，866 家工业企业陆续迁出。商标品牌建设成效显著，2017 年末，全区拥有中国驰名商标 17 个，省著名商标 63 个，市著名商标 112 个。

农业产业化稳步发展。2017 年末，全区共有 14 个国家、省、市级农业标准化示范社，12 家市级以上农业龙头企业，实现农业总产值 63.4 亿元。

第
五
节

民生事业全面发展

从改革开放初期的敢为人先、大胆创新，到进入空港时代的转型升级，白云区经济社会发展水平不断提升，人民生活发生了巨大的变化，社会各项事业得到长足发展。白云区一直保持民生福利投入与经济发展同步，不断加大财政对民生工作的投入力度，实施重点民生工程，推进教育、卫生、就业、社保等公共服务均等化发展，加强文化、社区等社会事业建设，努力实现改革发展成果惠及广大人民群众，提升城市文化软实力，建设幸福白云。

2012 年底，白云区城市居民人均可支配收入 37028 元，城市居民人均消费性支出 28154 元，城市居民恩格尔系数为 35.1%。年末，城市居民人均居住面积 25.82 平方米，每百户家庭拥有家用汽车 36 辆，家用计算机 116 台，彩色电视机 136 台，空调机 258 台，移动电话 248 部。

2012 年底，农村居民年人均纯收入 16350 元，农村居民人均生活消费支出 9097 元，其中服务性消费支出 2985 元，农村居民恩格尔系数为 39.9%。年末，农村居民人均居住面积 52 平方米，每百户家庭拥有生活用汽车 17 台，家用计算机 125 台，彩色电视机 172 台，空调机 157 台，移动电话 370 部，电冰箱 122 台，洗衣机 116 台，摩托车 155 台。

2017 年底，城镇居民人均可支配收入 56191 元，农村居民人均可支配收入 23727 元。

一、科技创新载体日臻完善

改革开放以来，特别是 1987 年以来，中共白云区委、区政府在邓小平关于"科学是第一生产力""教育要面向现代化、面向世界、面向未来"等理论的指引下，坚持科教兴区战略，做了大量工作，为全区经济的持续、高速、健康发展和中、远期经济发展规划的实施打下了良好的基础。

1989 年，区委、区政府全面贯彻中共中央关于"经济建设必须依靠科学技术，科学技术必须面向经济建设"的方针，作出《关于加快科技事业发展的决定》，并制定了《白云区科技发展三年规划（1990—1992）》。1990 年制定了《白云区科技兴农计划》。1991 年制定了《关于依靠科技进步推动经济发展的规定》，切实加强了对科技工作的领导，并根据区的实际需要，增办了水产、果树、畜牧 3 间科研所。"八五"期间，共投入科技经费1.14 亿元。1992 年成立了白云区科技进步基金会，筹得款项 473

2005 年广州市科技活动周开幕剪彩仪式

万元，保证了219项科技项目的实施。1991—1995年，科技项目获区级奖励的有24项，获市级奖励的有8项，获省级奖励的有2项，获国家级奖励的有2项。

通过引进优良品种，推广先进种养技术，使全区农业生产水平有了大幅度的提高；通过引进人才，引进先进技术设备，培训管理人员和职工队伍，提高了工业企业的科技含量，增强了产品的市场竞争力。

如今，白云区科技创新载体日臻完善。构建孵化器、加速器、产业园等"一条龙"企业成长载体，打造特色鲜明、功能互补、"一站式"服务的企业发展平台。2017年末，全区拥有各类科研机构17家，重点实验室23家，工程技术研究开发中心74家，各类主题孵化器11家，众创空间9个。全年财政用于科学技术支出2.27亿元。

二、教育事业水平不断提升

改革开放前，白云区的教育事业基础比较薄弱，校舍残破，设备简陋，师资不足，质量低下。1978年起，推行"调整、改革、整顿、提高"的方针，恢复了教学秩序，调整了学校布点，于1984年完成了普及初等教育的达标工作。1985年，区人大常委会通过了《白云区中小学管理体制改革方案》，在全区实行"分级办学、分级管理"的办学管理体制，大大调动了全区

广州市培英中学

干部群众、海外乡亲捐资办学的积极性，短短几年间，新建了初级中学校舍21所，扩建初级中学校舍8所，新建、扩建校舍建设面积15万平方米，总投资额达8000多万元。至1990年，

广州市第六十五中学

全区共有校舍1500幢，建筑面积63.8万平方米，教学用房实现了楼房化，基本满足教学需要，顺利通过了普及九年义务教育办学条件的验收。1993年，又以全优的成绩通过了省、市的复查和验收。培英中学、第六十五中学、京溪小学、广园小学、三元里小学及人和中心幼儿园先后被评为省一级学校（园）。

京溪小学怡新校区开办

随着经济实力的增强，区政府对教育的投入也有了大幅度的增加，1995年区财政拨款1.18亿元，比1985年的1528.8万元增长了6.74倍。1992年成立了白云区教育基金会，通过几年的努力，筹得基金逾1000万元。

从20世纪80年代初开始，抓紧教师的培训工作，十多年间，单是区教师进修学校的在职教师学历培训班就培养了大专毕业生、

中师毕业生各 2000 多人，1995 年仍在学的也有 1000 多人。20 世纪 90 年代初开始，每年都从北京师范大学、华东师范大学、西南师范大学等名校引进一批高素质的本科毕业生到白云区中学任教，提高了师资队伍的质量。据 1995 年统计，教师学历达标率小学为 82.8%，初中为 85.3%，高中为 75.3%，职业高中为 48.3%。全区教师中获高级职称的有 75 人，中级职称 1320 人，初级职称 2923 人。

1991 年，在全区中小学实施了校长任期目标责任制，普遍建立了教师业务档案制度和各种教学资料的存档和册籍立案制度，提高了学校的管理水平。1995 年，小学毕业生升学率为 99%，初中毕业生升学率为 76%，参加高考人数为 1780 人，升入大学本科的有 212 人，升入大学专科的有 313 人。

到 2012 年，白云区高考上线率达 95.1%，中考平均分超广州市平均线 16.8 分。年末，全区共有各类学校 582 所，比上年增加 20 所。其中，普通中学 70 所，职业中学 3 所，小学 183 所，幼儿园 308 所，特殊教育学校 4 所，职业技术培训机构 14 所。全区在校学生 30.18 万人，毕业生 7.34 万人；全区教职工 2.46 万人，其中专任教师 1.71 万人。

2017 年末，全区共有各类学校 593 所。其中，普通中学 70 所，中等职业学校 3 所，小学 181 所，幼儿园 316 所，特殊教育学校 4 所，职业技术培训机构 19 所。全区在校学生 32.16 万人，毕业生 8.12 万人；全区教职工 2.85 万人，其中专任教师 1.99 万人。

三、惠民服务质量水平不断提升

改革开放后，白云区信息技术应用稳步推进。实施"无线城市建设"惠民工程，在全区主要公共场所建立 300 个无线网络接入点免费提供市民使用；以黄石街为试点推进社区信息化建设；完成白云区电子商务发展调研，围绕白云区空港经济发展战略，打造"一中心，多节点"电子商务集群，成立白云区电子商务协会，推进电子商务与传统产业的深度融合。区级公共气象服务的质量和水平不断提升。

文化服务体系不断完善。2017 年末，全区共有区级文化馆 1 个，街镇文化站 22 个，文化广场 426 个。全年组织各类文艺活动 802 场次，送电影下乡 1556 场次，送书下乡 1 万册。全区拥有图书馆 24 间，总藏书量 54.84 万册；街镇图书室 368 个，总藏书量 32.5 万册。

城乡惠民体育设施建设工程持续推进，全民健身事业稳健发展。全区体育设施覆盖率达 100%，惠民体育工程覆盖率达 100%。

1992 年白云区首届运动会

2012 年 9 月 28 日首届广州白云火龙文化节开幕

1986 年石井龙舟竞渡活动

医疗卫生建设日益完善。2017 年末，全区卫生医疗机构 570 个，医疗病床位数 18168 张，工作人员 24541 人。其中，执业医师 6239 人，执业助理医师 550 人，注册护士 9158 人，药剂人员

1057 人，检验师 601 人。全年门诊诊疗 1718.45 万人次。

医疗卫生体系日臻完善。区疾控中心龙归新址投入使用，硬件水平位居全省前列。35 个社区卫生服务机构被纳入医保定点医疗机构范围，实现社区卫生服务 100% 覆盖，对全区农村卫生站进行了重新规划设置，建站率为 100%。稳步推进镇村卫生一体化管理，区第一、第二人民医院及区红十字会、中医医院通过了二级医院服务能力评价。新型农村合作医疗成效显著，筹资水平、参合率和报销封顶线由 2006 年的 70 元、81.87% 和 1.5 万元，分别提高到 2010 年的 330 元、99.71% 和 8 万元。

大力推进公共文化设施和服务网络建设，区文化馆和区图书馆均被评为国家一级馆，建成 188 家"农家书屋"（社区书屋）和 70 家"绿色网园"。推进了第三、四次全国文物普查工作，建立了非物质文化遗产名录。加快推进体育基础设施建设，覆盖率由 2005 年的 40% 上升到 2017 年的 100%。群众性体育活动蓬勃开展，竞技体育人才辈出、成绩斐然。成功承办亚运和亚残运赛事，市民和志愿者的良好素质和精神风貌得到充分展示。

就业与社会保障体系不断健全。2017 年，城镇失业人员实现就业 14734 人，再就业率 73.73%。社会保险五大险种覆盖面继续扩大，征缴金额由 2006 年的 6.65 亿元增长到 2017 年的 68.41 亿元。截至 2017 年底，城镇居民医疗保险参保人数 74.83 万人，新型农村社会养老保险参保人数 13.88 万人，实现了养老、医疗社会保险制度城乡全覆盖。全区离退休人员的基本养老金、失业人员的失业保险金均按时足额发放，"两个确保"（确保国有企业下岗职工的基本生活费和离退休人员基本养老金按时定额发放）和"五条保障线"（实现医疗保险金覆盖；建立大病二次补助机制；民政大病救助；开展慈善救助；组织干部帮扶）100% 落实，低保标准提高至每人 10800 元。

人口与民政工作扎实有效。"十一五"期间，年均常住户籍人口自然增长率为 6.5‰，低生育水平得到了进一步巩固。大力推进社会救助体系建设，稳步推进社区"星光老年之家""平安钟"等服务建设，从 2010 年 7 月起为全区 80 岁以上老人每月发放长寿保健金。制定《关于进一步加强街道集体经济组织管理的决定》和《关于进一步加强农村基层组织建设的决定》，扎实推进村务公开，加强基层政权建设，妥善解决了茅山、龙塘等行政村基层建设中的突出问题。2016 年，白云区成为广州市唯一连续九次被评为"广东省双拥模范区"的行政区。

第六节 开启全区"空港化"

白云区改革开放以来的发展历程，始终围绕着白云国际机场而相生相长。旧机场带来了白云商贸业与制造业的兴盛，而与旧机场的搬迁同时到来的，则是一座新城的酝酿和崛起。

白云新城绿地中心

2004 年 8 月，旧白云机场搬迁后，白云新城进入规划开发期。这一片区临近广州主城区，一度被认为是广州继珠江新城之后高起点开发建设的新片区。随后，白云国际会议中心、万达广场、5 号停机坪、绿地中心、广州市儿童公园等一批商务展贸、休闲娱乐业态和高端住宅入驻。2015 年，白云新城进行规划优化，总面积从 9 平方千米扩容至 37 平方千米，建设理念向强化"商业商务服务"功能调整。

广州市儿童公园

2008 年 1 月 1 日凌晨在白云国际会议中心举行万人迎新年倒数活动

2008 年，白云区率先实施"双转移"，借助良好的生态环境和坐拥连接空港和中心城区的独特区位优势，擦亮空港门户白云区品牌，叫响"全区空港化"，改变以前"村村点火、户户冒烟"的"小散乱"产业格局，实施产业园区化、集约化、高端化。同时，为帮助产业升级，提供创新服务平台和政务服务的绿色通道，使产业的发展更加绿色、低碳、高附加值。区委、区政府坚定不移实施生态空港战略，着力把白云区打造成为现代商贸文化集聚区、都市生态功能区和空港经济产业区，建成低碳、智慧、幸福的现代型城区。

"双转移"和推动空港经济发展，一破一立、相辅相成。目前，白云区已形成以广州白云国际机场、白云新城和 106 国道、机场高速、地铁为立体黄金通道的广州北轴商业圈，北轴线上珠玑成串，串起机场综合保税区、民科园创新基地、生物医药基地等园区，以生态经济和空港经济为主要特征的现代产业体系初具规模，"一轴一圈两平台，两城两湖两片区"（广州中轴北延段、北部空港经济圈、广州民营科技企业创新基地及广州国际健康产业城，白云新城、金沙洲新城、白云湖、南湖、白云新城西延区、白云新城北延区）重点区域的开发建设均取得新突破。

金沙洲新城

第八章

老区新颜　振兴发展

在改革开放 40 年的历程中，从偏僻的郊区发展到被列入国家中心城市的现代化中心城区，白云区的面貌发生了重大的变化。而从前文中所记述到的革命老区村（镇），以及发生过革命斗争史的地区，是白云区改革开放的重要阵地，在改革开放再出发的新时期中也担任着重要的角色，如致力于打造现代商贸带的同和街、力促经济蝶变的钟落潭镇、谋划支柱产业向高端发展的石井街……

这些地区在党和政府的政策引导扶持下，取得了辉煌的建设发展成就，老区人民也成为改革开放的参与者、建设者和受益者。这些地区的巨变与未来规划，深刻反映了红色革命精神在白云区的传承以及对经济社会发展的拉动作用。

第一节

江高镇：经济重镇　宜居小镇

在白云区的革命斗争史与改革开放史中，江高都是不可绕过的一个地名。抗日战争期间，"江高之役"阻击日军北进，英勇悲壮；"江高体系"被《人民日报》点赞，向全国推广。江高一地，是红色革命精神引领改革开放发展的生动缩影。

一、品牌农业　规模工业

改革开放初，江高镇在探索农村经济体制改革中取得了令人瞩目的成绩，农、工、商一体化，产、供、销一条龙的合作经济联合体，被《人民日报》誉为"江高体系"，这种体系带动了江高镇农业全面发展，逐渐形成了以江丰实业、大鹏养殖为龙头的家禽养殖业；以华宝珍稀、三星水产为龙头的水产养殖业；以水沥红葱、蓼江韭菜为龙头的蔬菜种植业；以及江村黄鸡、大田马蹄、水沥红葱等名牌产品。

江高镇的工业发展有着良好的基础——得天独厚的地理位置与便利的交通。流溪河、巴江河等河流蜿蜒延伸，历史上沿河催生了不少圩市，使其成为当时禺北的商业中心。1900年，清政府修建的粤汉铁路经过镇域。后来，江高镇东有广花公路、北二环高速公路，中有京广铁路、107国道，西有广清高速公路，加上东南走向的江人路和环镇路，构成一个发达的交通网络。改革开放以来，江高镇大力引进外资，创办工业，逐步奠定其工业重镇的基础。2004 年，江高被列为广州市重点扶持建设的五个中心镇之一。

白云电器

江高镇大力扶持工业企业做大做强，第二产业占比逐渐上升，至"十二五"末，三大产业的比重为 6.8 : 66.9 : 26.3，第二产业占了大半壁江山。2017 年，江高镇实现地区生产总值 154.28 亿元，增长 8.8%，完成规模以上工业总产值 249.63 亿元，同比增长 16.68%，占白云区工业总产值 36.5%，涌现了如白云电器、欧派等龙头企业，当年新增"四上企业"（规模以上工业企业、资质等级建筑业企业、限额以上批零住餐企业、国家重点服务业企业）31 家。其中，白云电气集团、欧派家居集团、欧派集成家居和广铝集团年产值均超过 20 亿元，均实现正增长，欧

2017 年 3 月 28 日，园区企业欧派家居集团股份有限公司正式在上海证券交易所上市，图为企业代表参加敲钟仪式

派家居集团更是在 2017 年 3 月成功在主板上市。其他批发、零售、餐饮业均实现同比增长。

江高镇人文环境历来厚重，在经济发展的带动下，教育文化事业也发展蓬勃。截至 2017 年底，镇内共有中小学及幼儿园 56 所（公办学校 24 所，民办学校 32 所），其中初中 6 所，小学 23 所，幼儿园 27 所。

民办院校广东白云学院落户江高，不仅为各地输送大量人才，也为该镇的社会经济发展起到重要的推动作用。此外，还有广州医学院护理学院、广东技术师范学院白云校区；有分别隶属于省、市的 9 间中专中技学校，如广州卫生学校、广东省机械技师学院、广东省电子信息技工学校等中专技校，为该地区造就数量较大、素质技能较高的技术人才队伍；有广州市重点中学：办学成绩曾经名列全市第三的广东省国家级示范性高中——广州市第六十五中学，以及广州市第六十六中学、江高镇第二初级中学、江高镇

广东白云学院

第三初级中学、江村中学、神山中学、江村小学、江高镇中心小学等 20 多间较具实力的中小学校，为青少年一代的教育培养创造了良好的环境。2012 年，广东技术师范学院白云校区正式开学。

二、打造宜居特色小镇

2018 年，广州市有 8 个镇入选全国重点镇，江高是白云区唯一入选的重点镇。

在江高镇的长远规划中，将在工业重镇的基础上，着力发展先进制造业，以白云电器、欧派集团、广铝集团、白云清洁为龙头，着力发展精细化工和高端装备制造业。该镇将优先发展现代服务业，加快发展房地产业，打造商业核心区和国际物流产业区，并依托天然优势特色发展现代生态农业，推动巴江河水乡花田生态农业观光带建设，大力发展以"好吃、好看、好玩、好销、好价"等"五好"为特征的观光农业，以此实现第三产业突破发展，到 2020 年比重达到 35%。

开展城乡一体化建设试点村——大田村

　　江高镇在推进经济实力不断增强的同时，也致力于打造宜居特色小镇。继续优化路网管网，推进大型基础设施建设，解决交通瓶颈问题。包括优化镇级路网建设，疏通江高地区与周边的连接，重点推进"六路两桥"（江府路、爱国东路、江同路、江新路、神山大道西路、振兴南路；杨山桥、蓼江桥）建设；加强镇村道路升级改造和路灯建设，解决群众夜间平安出行问题。此外，为解决水电设施的问题，江高镇将完善供电供水管网，加快落实水沥变电站、振华变电站等建设，积极推进农村自来水管网改造工作，解决农村用水问题。

　　在推进宜居特色小镇建设方面，江高镇将打造特色人文景观带，优化人居环境，以江村村、泉溪村以及神山片中心区域为重点整治对象，同时加大环境保护，对水污染、空气污染、废物污染的重点企业进行重点监控。力争三年内将全镇主干道上的 194 个监控点设备升级为高清数字信号，完成江兴、高塘、松岗、江华、石龙、南山 6 个社区视频监控建设，加强对出租屋和来穗人员服务管理，3 层及以上出租屋门禁系统建设达 100%。

钟落潭镇：多产业拉动的卫星城

钟落潭位于白云区东北部，其北部以流溪河为界，东北部与花都区北兴镇相望，东部与萝岗区相邻，西部、西南部分别与人和镇、太和镇毗邻。

抗日战争期间，农工民主党发动五六百农民青年参加东平抗日青年团。中国共产党领导下的第七战区第四挺进纵队特别支部委员会选派进步青年组织抗日救国运动，他们以帽峰山为主要活动据点，团结进步力量，发动和组织群众武装打击日伪军。

抗日战争胜利后，中共党员以帽峰山区及良田村为工作据点，领导和发动群众对国民党政府进行反"三征"的斗争。1949年8月，奉中共番禺县委指示，陈学初、龚彦平等人在良田村集结100多名武工队员上帽峰山，与各路武工队会合进行军事训练，成立广州市东北郊人民游击队。游击队为迎接南下大军，协助做好接管地方政权工作，做出了重要的贡献。

钟落潭镇位于白云区远郊，是广州市区重要的农产品生产基地。改革开放以后，镇内企业得到较大发展，但步伐较为缓慢。进入"十二五"以来，市委、市政府高度重视北部区域发展，促进了钟落潭镇镇域经济的跨越发展。

一、工农业经济齐头并进

改革开放后，钟落潭镇的经济发展很快，工农业经济齐头并

137

进。1994 年,农村社会总产值 52442 万元,其中工业 18265 万元,农业 17798 万元,建筑业 12309 万元。人均收入 6654 元(均为现行价)。

钟落潭地区经济原是单一的农业经济,以种植水稻和花生为主。1980 年以来,农业生产结构有了很大变化,扩大蔬菜、水果种植面积,发展养鸡业,增加鱼塘养殖,农业产品商品率大大提高。1994 年,种植水稻 32040 亩(2136 公顷),亩产 347 千克,总产量 11550 吨;种植蔬菜 3850 亩(257 公顷),产量 15658 吨;水果总面积 11537 亩(769 公顷),产水果 1651 吨,其中荔枝 7906 亩(527 公顷),产量 1162 吨,柑橙 1722 亩(115 公顷),产量 285 吨。出售肉鸡 678 万只;出售肉猪 2684 头,肉重 1768 吨;产塘鱼 819 吨。农业总产值 10989 万元(1990 年不变价)。钟落潭镇的农业产业发展脉络明晰,渐渐形成"一村一品"特色农业,涌现了无公害蔬菜、优质水果、花卉苗木等多种生产基地,进一步加快了农业产业化进程。

1980 年以后,钟落潭镇工业开始有重大发展,逐渐发展成为远郊的新兴工业区,拥有玩具、电镀、电木、纸箱、服装、通风设备、塑胶、童鞋、裘皮、工艺品、皮具、手套、化工、电池、钢铝门窗、爆竹、印刷、食品、饲料加工等行业。1994 年,全镇工业企业 164 家,总产值 16983 万元。其中镇办工业企业 8 家,总产值 4199 万元。规模较大的工业企业 6 家,它们是钟港手套厂,龙岗手套一、二厂,华丰玩具厂,长腰岭裘皮一、二厂。工业效益提高、工业集聚对拉动镇经济增长日益显著,惠亚集团、大明家私、新生实业、中慧电子、晨宝化工、花城制药等大企业稳步发展。

改革开放以后,钟落潭镇内商业迅速发展,除了国营、供销合作社商业外,镇村集体和农民办的商业网点与日俱增。在钟落潭圩，新建占地 1.2 万平方米的农贸市场一个，其面积等于原村坊式市场的 13 倍，市场中的贸易盛况为历史上所未见。1990 年领取商业经营牌照的单位，属全民所有制的 3 家，集体所有制的 75 家，个体商业 370 家。

进入 2000 年以后，钟落潭镇进一步优化经济结构，2005 年第一、二、三产业的结构为 19∶65∶16，2010 年发展到 13.6∶42.9∶43.5，第三产业比重显著提高。

二、"一轴两翼"，未来可期

"十二五"时期，钟落潭镇发展成果显著。经济持续稳步增长，2015 年地区生产总值达 77.39 亿元，实现了翻一番的总目标。钟落潭镇通过营造良好的企业发展环境，使得发展空间不断拓展，在"十二五"期间，运通四方、东硕科技在新三板挂牌上市，良田工业园区粤港轮胎、歌蒂诗服饰、洁泰喷雾泵、圣达湾包装和佳隆食品等 9 间企业完成厂房主体建设。钟落潭工业区改造项目顺利开工建设，五龙岗村"庙窟"集体旧厂房改造初步方案已获区审批通过。启动优质企业转型升级涉及的旧厂房改造项目，镇内 15 间重点企业申请纳入区扶持笼子。

"一村一品"工程成效初显，新增 54 个农民专业示范合作社。长腰岭村被中国轻工业联合会、中国皮革协会评为"中国裘皮之乡"；寮采村被农业农村部授予"中国最美休闲乡村"称号。

钟落潭镇利用中心镇建设资金，完成了福龙路、庙前街北延线、钟竹路、庆宏路、钟升西路、钟港大道一期、龙虎路和龙塘北路等 10 条主干道网络改造建设，改善了镇内交通环境。在流溪河沿岸建设了 30 千米长绿道，带动了沿线各村生态旅游。全力承接扶贫工作，推进各低收入村 122 个扶贫项目建设。配合市建委开展农村路灯建设，"十二五"期间安装了 7280 盏路灯。

寮采村世外桃源度假村七彩穗稻

对钟落潭公园、蟠龙西公园、街心公园、颐福园和文化中心周边公园进行升级改造，为群众提供了休闲娱乐的绿地。先后建设了钟落潭医院时代爱心楼、竹料医院穗和楼、竹料幼儿园教学楼和钟落潭敬老院文化娱乐楼。对钟落潭戏院进行全面升级改造，完善了公益设施建设。投入资金 1.2 亿元，推进中心镇建设和固定资产投资共 153 个项目建设。开通了镇内 21 条公交线路，完成了镇交通枢纽站场工程施工。顺利完成了凤尾变电站、汉田变电站以及云平线、汉田线架线工程。穗云自来水厂与钟落潭、竹料两间水厂的管网连接工程已基本完成，全镇 37 个村二次改水工作已完成，工程总长 7 万多米。

产业转型升级步伐加快，产业结构由 2010 年的 14：43.5：42.5 优化提升为 2014 年的 12.3：43.2：44.5，工业产业已逐渐形成以橡胶塑料产业、纺织产业、农副产品和食品饮料制造业、电气机械和电子设备制造业等为主体的产业结构。"十二五"期间新增"四上企业"62间，全镇"四上企业"合计达136间，其中规模以上工业企业107间。

进入"十三五"后，广州市围绕建设国家中心城市总目标，建设"三大战略枢纽"（国际航运枢纽、国际航空枢纽、国际科技创新枢纽）以及国家航空经济示范区；白云区打造"一心四片、一轴多点"空间布局①，以及聚焦"三中心一体系"（国际航运中心、物流中心、贸易中心和现代金融服务体系）建设，为钟落潭镇经济发展指明了方向，创造了良好的政策条件。

根据白云区产业功能布局，钟落潭镇处于空港经济区、绿色

钟落潭文化中心

---

① 一心四片、一轴多点，即南部白云新城中央商务区、北部空港经济区、西部先进制造业和现代物流区、东部医院制造与健康产业区、中部综合服务功能区。

生态健康产业区范围，空港经济区将为社会经济发展带来长期、稳定和巨大的拉动作用。钟落潭镇将充分利用重点产业平台，以及重大基础设施的带动作用，优化"一山一水一中轴"的空间整体布局，以"一纵两横通网络，一城两区搭平台，一轴两翼促发展，四地两圩建新城"的思路，进一步优化空间布局，加快广从路、轨道交通 14 号线（一纵）和花莞高速、穗莞深轻轨（两横）等重点路网建设，不断完善交通网络等基础设施；以广州国际健康产业城（一城）和钟落潭高职园区、空港保税区南区（两区）为重点战略平台，大力发展广从路沿线（一轴）先进制造业、地铁综合体和东部帽峰山、西部流溪河（两翼）的绿色农业、休闲旅游产业；推进广龙路储备用地、马沥居住用地、广药安置区及健康产业城医药研发片区融资地块（四地）开发建设。整合优化钟落潭和竹料良田两个圩镇，提升社会综合管理水平，大力改善民生福祉。打造广州市东北部由航空、教育、医疗和旅游等多产业支撑的卫星城。

太和镇：从农业大镇到物流基地

太和镇位于白云区中部，行政区域总面积约 219.01 平方千米，辖穗丰、兴丰、谢家庄等 21 个村民委员会（266 个经济合作社），12 个居民委员会。广州沦陷期间，太和镇是饱受日军暴行的重灾区，与此同时，在这里也开展了轰轰烈烈的抗日救亡斗争。从 1939 年农工民主党在帽峰山麓建立抗日游击队，到由伍观淇领导的第七战区第四挺进纵队政训队与太和地区自卫队组编抗日杀敌大队，到 1944 年东江纵队独立第二大队接管了伪西罗乡政府、成立苏维埃民主抗日乡政府，太和的抗战精神至今广为流传，滋养着后世子弟。

太和镇的改革开放是从给当地带来最大变化的家庭联产承包责任制开始。20 世纪 70 年代末，谢家庄是当时广州郊区实行家庭联产承包责任制的试点村。改革开放以来，太和镇农业发展一直保持着旺盛的势头，有较好的经济效益与社会效益，一度成为广州市蔬菜、水果种植和畜牧养殖基地之一的农业大镇。太和镇第一产业逐渐形成了以"一村一品"为标志的区域化生产布局，石湖村的香葱，穗丰村的暗柳甜橙、猕猴养殖，头陂村的木瓜，白山村的红豆杉都有一定的规模和效益。

在"十一五"时期，太和镇以"稳定第一产业、发展第二产业、扶持第三产业"为方针，第二产业的规模和档次不断提高，其中批发零售业发展迅速，2010 年全镇社会消费品零售总额 26

亿元，比 2005 年增长 377.3%，实现年均增长 36.7%。第三产业迅猛发展，物流业在整个经济中的地位和作用越来越大，至 2010 年底，全镇共有物流园区 15 个，园区内企业 8000 多家，从业人员近 4 万人。并通过在林安物流园开设地税服务厅，带动了物流业的税收征管工作。休闲旅游度假业加快推进，农家乐项目中心区食街主体建筑以及头陂涌整治和绿化道建设全面铺开。到 2017 年底，太和镇全年实现地区生产总值 93.74 亿元，区级公共财政收入 4.17 亿元，固定资产投资项目完成额 19.12 亿元，规模以上工业总产值（含民科园核心区）129 亿元。

与此同时，太和镇的发展思路也更加明晰。东部发展生态休闲旅游、都市型现代农业和乡村旅游，南部注重运用地铁 3 号线、14 号线途经的有利条件适度发展房地产业，西部依托北临机场、南接广州市区的区位优势及辖内民科园的产业基础，重点发展商贸服务业。

进入"十三五"时期，在白云区的"1358"战略图中，太和镇是航空枢纽、交通枢纽、科技创新枢纽的重要节点，也是发展临空经济区、东部科技创新带的重要功能区。八大产业园区中的和龙科技创新谷就在太和，周边帽峰山森林公园、铜锣湾水库、沙田水库、和龙水库环抱，山水秀丽、环境优美，辖内立体交通网络基本形成，成为众多优质企业选择投资兴业的宝地。

2018 年 4 月，太和镇与唯品会（中国）有限公司、广州溢滔钱潮减震科技股份有限公司、广州彩熠灯光有限公司、广州市科迪环保科技有限公司、广州保瑞医疗技术有限公司 5 家企业分别签署合作意向书，正式落户太和。5 家企业都是科技创新驱动型企业，选择扎根太和，足见对太和发展潜力、前景的强烈信心。

石井街："乡镇之星"

石井街位于白云区西北部，辖 12 个社区居民委员会和 5 个经济联合社，总面积约 10.87 平方千米，户籍人口数为 2.1 万人，常住人口约 20 万人。省级文物保护单位升平社学（包括义勇祠）是当时群众武装组织的场所，横跨石井河的石井桥更是留下了抗英的斑驳弹痕……

民国时期，石井已是广东省重镇。中华人民共和国成立后历经行政的变迁，1958 年成立石井公社，1987 年成立石井镇，1990 年、1995 年，石井镇两次被评为中国百强"乡镇之星"和 1995 年广东"乡镇之星"。2002 年撤镇成立石井街，2014 年石井街再次进行行政区域调整，形成了现在的石井街。

从把农业放在首要位置，到异军突起的乡镇企业，再到如今积极谋划产业转型升级，传统重镇石井正在朝着集综合商贸、文化休闲、科技创新、商务配套、生活服务等功能于一体具有创新活力的"创新商务新区，宜居宜业石井"的目标前进。

一、向科学化、现代化、城郊型农业发展

1978 年以后，石井镇（公社）实行了土地承包责任制。当时强调尊重生产队的自主权，对于生产队的种植布局、种植计划，对于蔬菜上市的质量、任务完成与否，不予干涉，强调多搞工业、多搞税收。但 1980 年第一季度公社蔬菜大减产、大减收，蔬菜一

项就减少收入 70 万元。于是，公社进行了大胆的探索，进一步强化"以工补农，以农促工"的思想意识，每年以 800 万~1000 万元反哺农业，并且逐年增加投入，主要有以下几个措施：

第一是加强了农业的基础建设，大力兴修水利，到 1994 年完成了黄金围第一、二期达标工程。完善了水利工程和排灌系统，基本形成了网络化、一体化，提高了抗御自然灾害的能力。1978年，石井只有电动机组 675 台，包括水轮泵，有效灌溉面积 4 万亩（2666 公顷）。到 1997 年，有排洪站 40 座，排灌机组 539 台，装机容量 1 万千瓦。

第二是完善农业管理体制。因地制宜"统一种植计划，管理到人，分级验收，统一上市，按值买分"。运用经济手段，制定奖励方案，建立健全生产责任制和生产检查制度。固定联系点，一个星期集中一次，分析蔬菜的上市情况，坚持每月村检查、季度镇分片检查，着重抓好春秋淡季蔬菜品种的落实工作。镇、村成立农业技术咨询服务站，建立健全农业科学服务网络和推广机构，大力发展科学种田，积极开发农业技术，加强农业的后劲，为农业生产提供产前、产中、产后服务，使蔬菜生产向专业化、集约化方向发展。

第三是实施科技兴农。不断调整农业生产布局和品种结构，引进项目，积极推广优良品种，充分发挥科技示范户的辐射作用，农、科、教相结合，提高农民的整体素质，发展"三高"（高产、高质、高经济效益）农业，形成"一村一品""一田多种""一水多养"，综合种养。鸦岗以种植冬瓜、苦瓜为主，现在鸦岗的大苦瓜叫"翠绿 2 号"（从省农科院引进的品种），此外还有滘心的大节瓜、夏茅的青瓜、塘阁的芥蓝……

石井积极扶持种养大户，带动全镇发展养殖业，加大畜牧业水产业在农业中比重，还大力发展农副产品的深加工，成立了石井水产农贸公司，为农业产业化创造条件，主要为农产品多次加工、多次增值提供指导服务。当时，农贸公司发展了甲鱼食品厂、鹅肝厂（产品出口西欧），产品销往国内国际市场。石井的农业从传统单一逐步向科学化、现代化、城郊型农业发展。2007 年，石井街农业总产值 3.3 亿元。

二、乡镇企业，异军突起

1978 年后，石井积极引进外资，发展"三来一补"（来料加工、来件装配、来样加工和补偿贸易）企业，同时也大力发展自营企业，扩展第三产业，使乡镇企业突飞猛进，成为农村经济的重要支柱。

20 世纪 80 年代新建成的西城大酒店

石井首先开办了石井旅店，后来改成了西城大酒店。随后石井规划了工业区，在镇的带动下，各村发动海外乡亲、港澳台胞，出资出力，引进企业。到 1984 年，石井的"三来一补"大小企

147

黄金围新一代信息技术和人工智能产业园

业共有两三百家，大多是来料加工。1985 年以后，石井直接引进大企业、大公司，"南亚塑料大王"也落户石井。1986 年，著名的台资企业广荣鞋厂在小坪村落户。这是广州市引进的第一家台资企业，也是当时最大的一家外资企业。

石井镇的工业区逐步形成了专业村的生产规模。如庆丰工业村，以电线、电缆为拳头产品，还有红星针织厂、横沙造纸村等。

石井水泥厂是自营企业，也是骨干企业、省级先进企业。石井镇投资 40 多万元，新建年生产能力达 120 万吨的水泥厂。1981—1984 年连续四年获省乡镇企业水泥质量优胜奖。1984 年425 号矿渣硅酸盐水泥获广东省经委优质产品奖和农业部优质产品奖。1989—1991 年连续三年获全国水泥质量评选的"冠军"。1990 年获国家"标兵企业"。1991 年获国家优质产品银质奖。其国优率一直达 100%，成为广州地区高层建筑首选水泥之一。现在石井水泥厂改制为公司，2008 年，石井水泥公司跨地区发展了一个水泥厂，在德庆县投资建设了 500 万吨水泥熟料基地，首期工程日产 2500 吨/天熟料生产线已点火投产，年生产能力达 280 万吨，年产值超亿元。

石井还与其他单位合作，发展商业、旅业、旅游业、贸易市场、码头、仓库和停车场等，扩展了第三产业。随着改革开放的深入，石井不断调整经济结构，以集体经济为主，多种形式为辅，镇、村、社、个体和联合体"五子登科"同时并举，开发了新的专业流通市场。于 107 国道沿线，发展了江南市场、越秀市场、东源蔬菜贸易市场、东旺副食品批发市场、野生动物市场、建材城、西城货运场、药材贸易中心、西郊白马商场、石井百货公司、宝岗楼、美景大酒楼等。

1995 年以后，石井经济持续稳步发展，村的经济发展势头强劲，新建夏茅商贸城、庆丰锦东服装城、张村盛丰酒店、新城区怡富苑、顺丰翠园、金碧云湖五期商品房等，加快了第三产业的发展。

三、"一心三区"，基建带动

2016 年，石井街实现国内生产总值 58.6 亿元，完成规模以上工业总产值 10 亿元。

进入"十三五"时期，石井街初步形成了"一心三区"的片区和产业发展思路。"一心"是指以街道办事处为核心，以顺丰翠园、奥园房地产、庆丰电缆厂城市更新改造项目、继丰房产公司电影院项目、庆丰汽车集团等为依托，打造高端商住核心区。"三区"是指西部凰岗片区，以城市更新改造为突破口，打造产城融合、宜居宜业、创新发展的滨江 CBD 区；东部潭村、张村片区，以广州火车站建设、地铁 8 号线开通为契机，推动潭村片区连片改造，利用火车站、地铁站场的辐射带动作用，全力打造铁路经济区，着力发展高端商贸、办公、酒店等；北部庆丰片区，依托现有教育资源基础，提高产业发展质量，打造服务发展区。

产业发展上，石井街经济以工业、商业为主，立足于以现有产业为基础，积极培育和壮大支柱产业，促进支柱产业向高端发展，目前已经形成了汽车销售和鞋服两大支柱产业。2016 年，汽车产业的税收贡献为 3413 万元，鞋服产业的税收贡献为 1825 万元。着力抓筑巢引凤工作，2016 年以来，通过实施城中村安全隐患整治、优质企业转型升级、城市更新改造等途径，建成了广大原创服饰交易中心、石井水泥厂产业园（石槎路厂区）、继丰房产公司电影院等项目为代表的一大批优质招商载体，总面积达 28 万平方米。

在"十三五"发展规划的蓝图中，石井尤为重视重大基础设施建设的带动作用。石井街现有"三纵二横"主干道，三纵是指庆槎路（广清连接线）、石沙路—石槎路、石潭路（沿石井河），二横是指石潭西路、石丰路。2019 年规划建设有"一纵两横"，一纵是指槎神大道，两横是指白云二线、棠槎路。在建的地铁 8 号线延长线，在石井街辖内设石潭、小坪、石井站。规划建设的地铁 13 号线，在石井街设凰岗站、兴隆站。

石井街很重视水电气等市政设施和重大民生设施的建设。积极推进城中村改水工程，通过积极争取，潭村、张村的自来水改造由市水投集团出资建设，其中潭村改水工程正在全面施工，主管完成 90%，支管完成 65%；张村改水工程已完成立项，市自来水公司正在组织初步设计及概预算评审。积极推进电力基础设施建设，2015 年石井街 5 个经济联社共建变压器 42 台，马岗、凰岗、潭村、张村已经基本解决了用电难和夏天频繁断电的问题。

同和街：广州大道北商圈

同和街的握山村是革命老区村，1996 年 11 月被补评为解放战争时期游击根据地。

同和街成立于 2001 年 7 月，西与白云山相连，东近天河，北接太和，南邻南方医院，区域面积 27.36 平方千米（含白云山风景区 12 平方千米），总人口约 15 万人，辖有 18 个社区和 1 个撤村改制企业。辖内交通便利、资源丰富，地铁 3 号延长线、华快三期、广州大道贯穿而过，著名的 5A 级白云山风景区、4A 级南湖风景区、神农草堂坐落其中。

原同和镇经济底子弱、基础差。1996—2000 年，不断发展新企业（主要是挂靠企业），拓展新项目，经济得到不断发展。1996 年，镇属企业有 17 个，企业总收入 3924 万元，企业总产值（现行价）2100 万元。2000 年，乡镇企业发展到 59 家，总产值 3.09 亿元，总收入 3.54 亿元。

同和街成立后，经济增长质量和效益不断增高。2015 年 1—9 月，完成财税收入 21607 万元，比"十一五"同期增长 95.5%；实现社会消费品零售总额 25.3 亿元，比"十一五"同期增长 107.6%；城镇居民人均收入 36955 元，比"十一五"同期增长 56.7%。

"十二五"期间，同和街重点工程项目有序推进。南湖国家旅游度假区子项目"白云湖畔酒店"投资 1 亿元完成翻新改造并投入营业。白云山和黄神农草堂中医药博物馆完工并开馆，科技与总部经济大楼项目建设顺利。推进南湖生态空港企业园区项目建设，同和实业公司与佳润地产共同投资开发的"云凯雅寓"正式对外发售，二期项目（李其麓项目）顺利封顶。圆满完成雄洲市场、同和商贸广场、百荟广场的升级改造及周边环境的优化提升，广州大道北商圈逐步形成。积极扶持天健国际家居品牌建材展贸中心改造项目。"一品湖山""卡布奇诺""云裳丽影""新天半山""时代花生Ⅱ"等房地产项目相继开发，购销两旺。

广州大道北商圈——嘉裕太阳城

在"十三五"的蓝图中，同和街将继续充分利用"一城一园一轴一廊"（白云新城、广州高新区民营科技园、空港大道轴、地铁站点、经济发展走廊）的发展路线，大力发展休闲旅游业、总部经济、商贸业和商务配套服务业。充分利用地铁优势及广州大道北作为北天河延伸的优势，打造合一国际商业街、新天地商业大楼、金铂广场、百荟广场、雄洲商业城等商业地产组成的商业圈。充分利用高端楼盘的人口优势，提供衣、食、住、行等一系列的优质服务。着力推进"一站"（开通地铁3号线北延段同和站点3号、4号出口，建设一条地下隧道）、"两路"（升级改造沙太北路和同宝路）、"三片区"（同宝路片区、天健广场片区、同和地铁出口片区）、"四产业"（大健康产业、旅游产业、汽车产业、文化产业）重点工作，不断强化城市管理，增进民生福祉。

1993年，白云山制药股份有限公司公开向社会发行股票并上市

第六节

永平街：从农村体制到城市体制

永平街东平村的马市岭自然村在 1993 年被评划为解放战争游击区（老区）。

永平街位于广州市中心城区北部，东依白云山、南湖和同和街，南临黄石街，西接嘉禾街，北邻太和镇，总面积为 14.98 平方千米。白云大道、同泰路、华南快速路三期纵横贯穿永平地区的南北西东，地铁 3 号线和规划建设中的 14 号线经过辖区并设有永泰站、白云大道北站和东平站，紧依风景秀丽的白云山、凤凰山和南湖，位置优越，交通发达，环境优美，经济兴旺。辖区有云山诗意、颐和山庄、白云堡豪苑等高尚住宅群落。

永平街是由原同和镇撤镇建街而来的，从农村管理体制转为城市管理体制，于 2001 年 7 月 10 日正式挂牌成立。辖区地域主要为原同和镇永泰、东平两条行政村的范围。辖内划分为元下田、官厅窿、集贤庄、新南庄、磨刀坑、东恒、平中、白云堡、云山居、春庭、颐和山庄、松涛北苑、集贤苑、蝶云天、解放庄（云泉居）、新兴白云花园、云山诗意、倚云天、凤凰 19 个社区居民委员会，有部队单位 2 个，学校 23 所（其中幼儿园 14 所、中小学 9 所），医院 2 家，银行 3 家。属下的永泰、东平实业股份有限公司共有 25 个分公司。

由农村管理体制转向城市管理体制后，永平街的工业、商业、饮食服务业都保持了良好的发展势头。在白云大道北形成了广州著名的饮食一条街。以永泰、东平和军区基地三大板块的经济发展为主力，不断优化经济产业结构，培育优质税源经济，大力促进地区经济协调、稳定、健康发展。通过引进总部经济和大型商贸服务业，对辖区的无证经营户开展经常性的排查活动，广开税源。到 2017 年，永平街完成地区生产总值 50.7 亿元，财政收入 1.9 亿元，完成固定资产投资额 15.04 亿元，完成汽车产业年销售额 117.38 亿元。

2007 年，永泰汽车城有 13 家 4S 店落户经营，成为永平街增加税收的一个亮点

第七节 嘉禾街：对接临空产业

嘉禾街，2002年4月由新市镇撤销改称而来，后历经数次区划调整，现嘉禾街于2014年2月28日正式挂牌成立。嘉禾街位于白云区中南部，总面积约9.34平方千米，下辖3个经济联社、40个经济社和9个社区居民委员会，总人口约20.8万人，其中户籍人口1.78万人。

抗日战争时期，科甲水民众50多人组成科甲水自卫团，由少校参谋杨君智（科甲水人）率领，积极投身于"江高之役"，扼守流溪河与巴江河交汇处。杨君智负责陆上战斗，指挥科甲水自卫团打击对岸敌人，多次击退日本兵的进攻，歼敌过百。

嘉禾街辖内的新村是解放战争时期革命根据地，解放战争期间新村先后建立起了农会、武装起义委员会、武工队、民兵组织及妇女会。在上级禺北党委的领导下开展斗争工作，建立统一战线，配合广州东北郊游击队打击敌伪政权，为夺取战争的胜利做出了贡献。

改革开放以来，原新市镇镇、村两级因地制宜调整农业结构，大力发展村镇企业，嘉禾地区的工厂逐年增多。1978年，新市地区工农业总产值仅为2450万元，人均收入201.7元；1990年，新市镇工农业总产值5.2亿元，人均收入3626元；至1995年，全镇工农业总产值23.3亿元，人均收入1.08万元。

嘉禾街挂牌成立后，紧跟省、市、区委决策部署，经济社会各项事业取得新的进步。按照市、区"十三五"规划纲要，嘉禾街将对接空港经济区临空产业和重点建设嘉禾望岗地铁枢纽及商业中心。

2017 年底，嘉禾街全面完成经济社党支部的组建，基层党建工作的加强为经济发展提速增效提供了保障。

2014 年以来，嘉禾街国内生产总值连年增长，增速普遍达到 5% 以上；固定资产投资连续 5 年超额完成任务。公共财政预算收入 2014—2016 年连续 3 年超额完成任务。产业集聚发展态势明显。中安科技、车拉夫等科研企业总部相继落户，创业空间、电子商务等产业形态逐渐形成。招商引资力度不断加大，大力引进优质潜力企业，积极开展以商招商。

嘉禾街重要基础设施建设项目基本完成。按时完成 220 千伏木棉至凯旋输电线路工程项目 27 个基塔的交地任务；均禾大道二期全线通车；空港大道一、二期均全部交地；地铁 14 号线施工借地按施工进度要求交付施工单位或结束借地交还权属单位；松园路征地收尾工作推进顺利。

嘉禾街计划投资 10 亿元打造民信药业产业园区，目前已有广州民信药业有限公司、广东葵花药业有限公司等在嘉禾街落地生根，下一步还将引进西安杨森制药等 7 个全国性品牌企业，实现医药产业销售、物流、电子商务、终端零售一体化，形成医药产业聚集地；东粤生态园美妆产业集约发展迅速，目前已有 80 多家企业进驻，出租率高达 100%。

近年来，嘉禾街全域环境综合整治取得明显效果，市容环境明显改善。市政道路落实重点区域 16 小时保洁，主干道保洁和绿化管养逐步实现机械化、精细化管理。城中村环卫改革深入推进，生活垃圾分类减量示范作用良好，已建设了美馨小区垃圾分类示范小区，辖内 5 间肉菜市场开展垃圾分类试点。

    同时，生态环境也有显著提升。水环境治理效果明显，近年来共清拆河涌违法建设 100 多宗，完成白海面涌红路支流示范点建设，解决了多处洪涝水浸黑点问题，推进城中村雨污分流和改水工程建设，实行河涌 8 小时保洁制度。污染防治攻坚战取得良好成绩，按时完成了区下达的各项整治任务并定期"回头看"，共清理整顿"散乱污"场所 2053 家；全力推进全国第二次污染源普查，顺利完成底册 551 家企业的普查，完成率 100%。

第九章

活力白云　创新驱动

　　党的十八大以来，以习近平同志为核心的中共中央牢牢把握经济发展主动权，主动适应经济发展新常态，妥善应对重大风险挑战，保持经济运行总体平稳，实现中高速增长，迈向中高端水平，取得了举世瞩目的成就，为全面建成小康社会奠定了坚实基础。

　　这是勇于实践的必然结果，这是善于创新的生动诠释。

　　从"十二五"到"十三五"，白云区积极主动适应经济发展新常态，全面贯彻落实省、市和区委决策部署，立足粤港澳大湾区建设迫切需要，着力固底板、补短板、强弱项、优强项，提升经济规模、创新带动力、要素集聚力和集中力量办大事的能力，紧紧围绕"环境要改善、产业要升级"中心任务，按照"1358"

发展思路和"优三强二调一"产业发展路径，埋头苦干，迎难而上，全力稳增长、促改革、调结构、惠民生、防风险，推动国家中心城市和国际大都市的现代化中心城市全面上新水平，为广州勇当"四个走在全国前列""两个重要窗口"排头兵，打造白云品牌、做出白云贡献！

党建引领，打造白云品牌

进入"十三五"以来，白云区高举中国特色社会主义伟大旗帜，全面贯彻党的十八大和十八届三中、四中、五中全会精神，深入落实中央"四个全面"战略布局，强化规划落实，保障实现宏伟蓝图。

2018年3月，习近平总书记参加全国人大一次会议广东代表团审议并发表重要讲话。10月，习近平总书记视察广东并发表重要讲话，讲话精神与党的十九大精神和习近平总书记对广东工作重要指示精神一脉相承，与习近平总书记在庆祝改革开放40周年大会上的重要讲话精神相互贯通，是习近平新时代中国特色社会主义思想的重要组成部分，是继续推进改革开放伟大革命的宣言书和动员令，为新时代改革开放再出发指明了前进方向、提供了根本遵循。

白云区迅速召开区委常委会会议、学习通报会、工作推进会、理论学习中心组学习会等深入学习贯彻，形成四个方面19个专题调研报告及政策文件，切实把习近平总书记重要讲话精神转化为实实在在的、看得见摸得着的实践成果。白云区深入学习贯彻习近平总书记视察广东重要讲话精神，落实省委《奋力开创新时代广东改革开放新局面的决定》和市委《广州市学习贯彻习近平总书记视察广东重要讲话精神深化调研工作方案》，坚定不移深化改革开放，建设粤港澳大湾区发展核心引擎的重要承载地，为广

州实现老城市新活力,在综合城市功能、城市文化综合实力、现
代服务业、现代化国际化营商环境方面出新出彩,打造白云品牌、
做出白云贡献。

2017 年 10 月 18 日,白云区组织干部职工在区会议中心收看中共十九大直播

　　首先,坚持党的领导,发挥党委领导核心作用,将党的政治
建设摆在首位。坚持党委总揽全局、协调各方的领导核心作用。
党委领导工作机制进一步完善,各级党建责任进一步压紧压实。
白云区在全市率先制定全面从严治党三年行动计划、"3 + 2"清
单①,压实管党治党责任。牢牢掌握意识形态工作领导权,建立
部门、属地镇街与驻区单位、高校沟通联络工作机制,加强涉稳、

---

　　① "3 + 2"清单,即针对党委局面的《推动全面从严治党党委主体
责任清单》《推动全面从严治党纪委监督责任清单》《推动全面从严治党问
题对照清单》和针对基层党支部(党总支)的《推动全面从严治党基层党
支部(党总支)党的建设主体责任清单》《推动全面从严治党基层党支部
(党总支)问题对照清单》。

涉意识形态敏感事件联动处置。

强化白云区基层党组织建设，在全区 1776 个经济社全覆盖建立 1698 个党支部，精准整顿 17 个村软弱涣散基层党组织，打造"一镇街一品牌"；制定村（联社）"两委"（村党支部委员会、村民委员会）干部选拔使用管理、经济社干部管理等 4 项制度，构建村社干部全覆盖管理系统，有效解决基层干部管理教育松散粗放问题。

深入推进党风廉政建设和反腐败斗争，不断巩固风清气正干事创业的政治生态。强化理论武装，认真开展"不忘初心、牢记使命"主题教育，推进"两学一做"学习教育常态化制度化，深化"大学习、深调研、真落实"工作。严格执行民主集中制，加强和规范党内政治生活，坚决全面彻底肃清李嘉、万庆良恶劣影响。压紧压实意识形态工作责任制，强化意识形态工作"五纳入"（纳入重要议事日程、基层党建工作责任制、党风廉政建设工作责任制、领导干部年度考核和基层绩效考核体系）和阵地建设管理，切实传播好党的政策和主张，巩固壮大主流舆论阵地，巩固"一盘棋"工作格局，坚决守好意识形态"南大门"。

其次，推进政府职能转变。打造"智慧白云""数字政府"，与华为公司合作的"3 中心 1 平台"已于 2018 年开通运营，全区 19 个部门、617 个服务事项纳入"一窗受理、集成服务"。推动现代化国际化营商环境出新出彩，学习借鉴香港营商环境建设先进经验，在开放理念、政策制定、政企沟通、监管制度等方面建立优势，促进人流、物流、资金流、信息流便捷流动。

扎实推进依法治区。加快供给侧结构性改革，着力以供给侧结构性改革形成发展新动力，切实为创新创业与经济发展形成新动力。创新投融资管理体制，完善公共资源竞争配置机制，推动区投资基金管理公司健康发展，发挥政府投资杠杆作用，拓宽投

2017年9月12日，白云区政府与华为公司签订云计算产业战略合作协议

融资渠道，在重大基础设施投资、建设、运营领域形成多元主体和适度竞争的格局。完善财政审计管理体制。深化农村综合改革，全面深化农村集体产权制度、土地管理制度、农村经济发展机制、村居管理体制等重点领域和关键环节的改革。深入实施"质量强区"战略。加强产品质量监管，依法持续打击制假售假行为，不断优化质量发展环境，促进产品质量水平稳步提升。深化商标品牌培育，以优势产业为重点，以品牌价值评价为抓手，努力打造一批市场竞争力强的知名品牌，提升企业核心竞争力，推动"白云制造"向"白云创造"转型。至2018年底，白云区高新技术企业已经超过1000家，注册商标总数全市第二，2017年、2018年连续两年质量强区全市考核A级别。

最后，健全规划落实机制。加强规划衔接，强化国民经济和社会发展规划在各类规划中的主导地位，加强与其他各专项规划之间的协调，形成统一协调的规划体系。完善城市规划，形成覆盖全区的城乡规划体系。优化土地利用布局,实现土地利用规划与城乡规划的有机结合。提升留用地利用效益。加大土地储备供应力度。强化项目支撑。强化政策引导,完善配套政策,为各项发展目标提供有力支撑。做好实施评估。做好对规划指标、政策措施和重大项目实施情况的跟踪监测,成立白云区实施发展规划领导小组,围绕规划纲要提出的主要目标、重点任务和政策措施,制定规划执行情况定期全面分析评估的方案,建立健全中期评估和第三方评估机制,确保规划目标任务顺利实现。

抓住机遇，打造白云新蓝图

"十二五"以来，面对国内外环境复杂变化、经济下行压力持续加大的严峻挑战，在市委、市政府的正确领导下，白云区全力以赴稳增长、调结构、促改革、惠民生、保稳定，基本完成"十二五"规划的主要目标和任务，经济社会发展取得新成效。

"十三五"时期，国际上新一轮科技革命和产业变革蓬勃兴起，国内积极实施新型城镇化、创新驱动发展等重大战略，大力推进"大众创业、万众创新"，粤港澳大湾区建设提速，广州市重点建设"三大战略枢纽"，都为白云区激活发展活力营造了良好氛围，为推进产业转型升级指引了方向，为发展空港经济提供了强大动力。

白云区坐拥空、铁、陆"三位一体"大交通体系，是建设粤港澳大湾区发展核心引擎的重要承载区，是建设"一带一路"节点城市的铁路物流聚集区，可与珠三角地区各城市实现一小时互达，交通区位优越；白云新城、民科园等重要载体规划稳定，土地储备资源充足，城市更新改造盘活大量存量土地，经济发展新空间不断拓展；市场主体总量大，活跃程度高，成熟商圈辐射海外，千年商都底蕴深厚；民营科技园被纳入国家首批小型微型企业创新创业示范基地，创新动力显著增强。立足区位、交通和生态资源优势，白云区在广州建设国家中心城市的任务中大有可为。

2017 年，白云区根据新形势新要求，围绕广州建设国家中心城市和"环境要改善，产业要发展"中心任务，进行深入研究探讨，在承接历届区委、区政府发展思路和区"十三五"规划的基础上，进一步深化、延伸，提出了"1358"发展思路和"优三强二调一"产业发展路径，以建设国家中心城市的现代化中心城区为"一个目标"，打造航空、交通、科技创新"三大枢纽"的重大部署点燃发展新引擎；东西南北中五大片区联动、错位、互补发展，奏响发展最强音；八大产业园区的精心优化布局增添发展新动能，描绘出白云实现跨越式发展的骨架支撑与动力之源。

"1358"发展思路既传承了过去历届区委、区政府的发展思路，如"三大枢纽"早在白云区"十三五"规划中就已确立；又在此之上细致深化，如"五大功能片区"脱胎于早前提出的"一心四片"，但更进一步明晰了各片区产业导向、发展重点、负面清单、功能配套；既有宏观上的目标、空间布局，也有微观的发展载体和具体抓手，层层递进、层层细化，明晰了今后一段时期中，白云区的发展目标、动力源和增长极、城市功能布局、产业发展布局，使之成为白云区未来数年内的发展指引，统筹白云发展的基本思路，由此描绘出白云发展的路线图。

而"1358"这张白云发展路线图，首先明确了"一个目标"，即聚焦人民日益增长的美好生活需要，以环境为核心竞争力和区域品牌，以历史文化为底蕴，以新发展理念为指引，着力解决白云发展不平衡不充分问题，建成国家中心城市的现代化中心城区。

根据"十三五"规划的指导思想，按照"创新、协调、绿色、开放、共享"五大发展理念，高标准规划建设。

第三节 打造航空、交通、科技创新"三大枢纽"

用好航空、交通、科技创新"三大枢纽",对接广州市建设航空、航运、科技创新"三大战略枢纽"和国际综合交通枢纽的战略部署,建强航空、交通、科技创新"三大枢纽",为集聚高端要素、优化经济结构、转换增长动力提供强有力支撑。

一、航空枢纽

把握白云机场扩建和临空经济示范区建设的契机,进一步集聚发展临空产业,擦亮、用好"空港"招牌。

2017年7月17日,广州市政府常务会议审议通过了《推进广州国际航空枢纽和临空经济示范区建设三年行动计划(2017—2019年)》,其中梳理了2017—2019年广州国际航空枢纽和临空经济示范区在基础设施、更新改造、航空产业等领域计划推动的重点项目情况:2017—2019年,广州国际航空枢纽和临空经济示范区在基础设施、航空维修、航空物流等领域计划推动重点项目80个,项目总投资3145.15亿元,其中机场建设项目投资占了重中之重。

白云机场扩建工程从2012年8月开始,直至2018年,已完成二期扩建,成功投用2号航站楼、综合交通中心、第三跑道、信息大楼、110变电站、北站坪、地铁及城轨等七大工程以及相关配套项目。预计2020年国际航线达150条,年旅客吞吐量达

8000 万人次，年货邮吞吐量达 250 万吨。未来，随着白云国际机场第四、五跑道和第三航站楼的建设，以及机场的陆侧交通建设网络和空域资源的优化，白云国际机场 2025 年的旅客吞吐量有望达 1 亿人次，成为全球重要的航空综合枢纽之一，以广州为起点的"空中丝路"呼之欲出。

白云区将充分发挥白云国际机场航空枢纽的辐射带动作用，加快广州临空经济示范区建设，未来三年，着力多举发展临空高端产业。围绕航空总部、航空物流、航空维修、航空制造和航空金融等领域，计划开展国际国内招商选资，吸引一批知名高端优质航空类企业落户。大力发展临空经济，建设航空小镇，打造航空总部集聚区，擦亮白云"空港"招牌。

二、交通枢纽

发挥铁路、公路、机场、水运立体交通网络优势，加快白云火车站、广州铁路集装箱中心站和地铁线网等轨道交通枢纽和网络建设，不断完善城市骨干路网，构建内联外通、衔接顺畅、服务高效的现代综合交通运输体系。

2018 年初，广州市发改委发布的《关于印发广州市 2018 年重点项目计划的通知》中，明确了广州站改造配套新建白云（棠溪）站工程，建设年限为 2018—2021 年，总投资为 265.6 亿元。

未来的白云火车站，除了新建火车站场外，还将配套建设东、西两大广场，以及长途客运站、公交车站、旅游大巴站、出租车站四大交通站场，更重要的是，将有 6 条地铁线路经过，分别为：8 号线北延段换乘通道、12 号线、24 号线、22 号线北延段、佛山 8 号线东延段及另一条预留的地铁线。

白云火车站将成为广州第一个"绿色、环保、智能"，按现代综合交通枢纽理念打造的特大型综合交通枢纽，和铁路、公路、

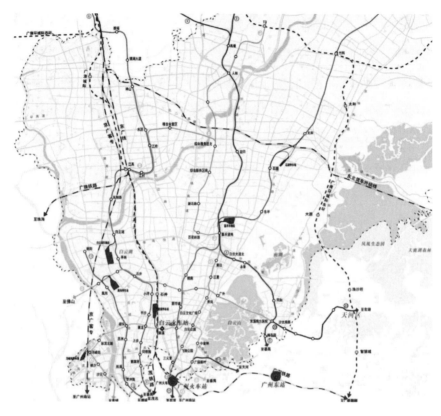

白云（棠溪）火车站示意图

2017 年 10 月 26 日，广州市轨道交通产业联盟暨广州轨道交通产业投资发展基金成立大会

机场、水运立体交通网络综合联动，将白云打造成生机勃勃的枢纽新城。

三、科技创新枢纽

大力实施创新驱动发展战略，把握广州民营科技园纳入国家自主创新示范区的契机，加强科技产业园区、创客空间和孵化器等平台载体建设，建立以企业为主体、市场为导向、产学研深度融合的技术创新体系，不断优化创新创业环境。

当传统的发展结构与模式陷入瓶颈之时，"创新"二字便是浴火重生的不二法门，白云区早在"十三五"规划中便定下目标，指向围绕广州国际科技创新枢纽建设，立足钟落潭职教园区、辖内高校、科研院所、高新技术企业以及孵化器、加速器等创新资源，创建区域科技创新枢纽。如今，创新驱动发展已然成为白云区当下发展的总抓手。

2016 年，白云区高新技术企业数从年初的 120 家增加到 373 家，上市企业、"新三板"、广州股权交易中心挂牌企业数分别增长 16.7%、155.6%、87.3%。这份亮眼的成绩单恰好昭示，白云的科技创新必定大有可为。

在"1358"思路的指导下，白云区把握龙头企业战略投入的契机，进一步明确了新一代信息技术、人工智能、生物医药等战略性新兴产业，作为白云区未来科技产业创新的主攻方向，并主动瞄准新一代信息产业龙头企业靶向引技引智引资，努力抢占产业制高点。

第四节 "五大功能片区"联动，奏响发展最强音

在"1358"发展思路中的"五大功能片区"，脱胎于白云区"十三五"规划中提出的"一心四片"，进一步明晰了各片区产业导向、发展重点、负面清单、功能配套，规划出东部科技创新带、西部科技走廊、南部总部集聚区、北部临空经济区、中部城市中心"五大功能片区"，从南到北，组成了白云的中轴，构成了白云发展的脊梁。

一、东西两翼掀起科创浪潮

在传统产业急切寻求转型的当下，以科技创新为导向的"IAB"（新一代信息技术、人工智能、生物医药）和"NEM"（新能源、新材料）等产业已经被视为未来经济的增长动力所在。东部科技创新带与西部科技走廊的布局由此应运而生，呈两翼齐飞之势，是白云区实现产业升级的科创之翼，对外可辐射广佛亦可近水楼台先得月，对内则将成为白云产业升级的制高点，进一步带动白云区经济的大变革。

东部科技创新带：定位为实施区域自主创新、承接广州东部科技资源溢出的重要空间载体。该片区主要是沿帽峰山—白云山走向的钟落潭镇、太和镇中东部及白云山东面的同和、京溪街组成的带状区域。

西部科技走廊：定位为高端智能、数字经济产业集群发展和

广佛同城化发展的重点区域。该片区主要是京广铁路和巴江河—珠江西航道沿线的带状区域。

东部科技创新带与西部科技走廊均有极佳的区位优势。东部位于广州科技创新走廊和广深创新走廊的交汇点，紧邻天河智慧城、广州科学城、中新知识城；西部则堪称广佛同城化的桥头堡，极利于与佛山南海地区产业和基础设施建设的联动发展。

近年来，东部科技创新带重点依托和龙科技创新谷和广州民科园，大力发展创新型产业；以太和环保搬迁等重大工程实施为契机，同步培育产业和环境，推动区域经济社会发展；发挥医药龙头企业带动作用，打造健康产业城生物医药制造、同和京溪地区高端医药总部的健康产业格局。

西部科技走廊围绕建设践行新发展理念的最佳实践地，实现"一地两区"（生产生活生态有机统一的引领区、广佛同城和区域一体化协同发展的示范区），对接市"一江两岸三带"（珠江两岸经济带、创新带、景观带）布局，加强与佛山南海地区产业和基础设施建设协调联动，构建铁路经济带、滨江科技创新带和广州西部景观带。

经济带建设方面，充分发挥铁路枢纽作用和滨江区位优势，着重发展铁路经济，构建轨道交通装备制造、现代铁路物流全产业链。

创新带建设方面，依托黄金围新一代信息技术和人工智能产业园、神山装备制造园等，集聚高新技术企业，打造软件信息产业、先进制造业创新带，与东部片区形成科技创新"两翼齐飞"的发展格局，发挥对内对外影响带动作用。

景观带建设方面，沿流溪河和珠江西航道打造滨江绿色开放空间，形成广州西部亮丽天际线和景观带。

二、空港经济区与白云新城双轮驱动

白云的发展自始至终围绕着白云国际机场而相生相长。旧机场带来了白云商贸业与制造业的兴盛一时，而与机场的搬迁同时到来的，则是新一轮的发展契机。

随着广州建设国际航空枢纽的热潮席卷，白云迎来了前所未有的黄金机遇。白云正化身为广州发展临空经济的主战场，以空港经济区与白云新城为双轮驱动，辅之以航空小镇的崛起，让筹谋十年的临空经济发展蓝图，终于开始闪现梦想照进现实的耀眼光芒。

在"1358"发展思路中，对白云区南部总部集聚区和北部临空经济区有如下阐述：

南部总部集聚区：定位为承载白云东、西、北片区相关企业的总部集聚区。黄石路以南区域重点围绕轨道交通、人工智能等先进制造业，以及航空服务、金融、高端商贸等现代化服务业，精确定位、精细设计、精准招商，集聚总部企业。黄石路以北区域规划建设广州设计之都，打造首个"一带一路"设计服务贸易中心、粤港澳湾区规模最大的设计产业集群、广州首个 B2B 设计服务共享平台。

北部临空经济区：定位为临空经济承载区。空港经济区重点开发区域范围内（116 平方千米，白云占 56 平方千米），积极配合市空港委做好征地拆迁，重大项目建设等工作；沿空港大道、钟港大道两条发展轴线谋划产业布局，重点发展与航空相关的先进制造业和现代服务业，并适度发展高端房地产、酒店公寓、城市综合体等城市配套，形成区域商业中心。

三、南北两区厚积薄发大放异彩

南部总部集聚区的核心——白云新城，目前规划面积为 37 平方千米，沿空港大道由广园路向北扩展至白云四线，从机场路向东连接白云大道。

机场路立交桥

白云新城被赋予重要意义早有伏笔。2004 年 8 月 5 日，新白云国际机场启用，旧白云机场区域被广州列为重点开发片区，白云新城由此而来。经过十多年重点打造，白云新城高端集聚态势初步显现。一批企业总部及商业文化设施已经入驻，包括广东省机场集团、中南空管局、中国航空油料集团南方总部、东航广东分公司、绿地中心、南航总部、万达广场、5 号停机坪商业广场、城市规划展览中心、白云国际会议中心等。

白云新城发展蓝图令人期待，白云区将着力将其打造为广州新的 CBD，使其成为广州地区高端总部集聚、建设管理精细化的发展平台典范。

北部临空经济区，航空产业蓬勃发展。广州临空经济示范区中，有 76 平方千米在白云区，白云区作为广州国际航空枢纽桥头堡的地位将更加凸显，而全国首个空港文旅小镇也落户人和镇。

空港文旅小镇规划效果图

广州空港文旅小镇项目既借鉴西方发达国家经验，也根据当地特色，坚持"以广府传承为根，以飞行文化为魂"的开发理念。按照现有规划设计，小镇内将建有非遗文化展馆、艺术画廊、商业办公区、特色民宿、生态旅游区、航空教育基地、城市候机楼等功能区，是集空港产业服务、公寓居住、商务办公、特色民宿、旅游度假、娱乐休闲等功能于一体的临空经济发展区。目前，空港文旅小镇项目已被列为白云区重点建设项目，建成后将极大改善当地的居住环境，并为白云区的经济增长注入新动力。

中部城市中心，挺起白云发展脊梁。根据"1358"发展思路，白云区中部将重点打造白云城市中心，坚持节约优先、保护优先、自然恢复为主，把中央湿地重大环境建设项目和历史文化作为该地区发展的突破口，打造国际商务区，建设集现代商务、公共服务、生态涵养、文旅休闲、商业服务、综合居住六大主导功能于一体的城市中心，服务广州、辐射粤港澳大湾区，形成人与自然和谐发展的现代新型城区。

这其中，白云中央湿地建设是"重头戏"。根据规划，白云中央湿地占地约6.25平方千米，是曼哈顿公园的2倍，被定位为"首个国家级花园型湿地，广州生态新地标"。其中2.53平方千米启动区建设于2017年开工，2020年投入使用，同步开展平和大押及周边环境改造提升，高标准打造城市中心。

在这幅城市中心地带上，教育、交通、文化等资源已经悄然聚拢起来。教育方面，2017年，广州市教育局和区政府共建广州市铁一中学白云校区正式签约，落户白云；交通方面，地铁8号线北延段拆解段已经明确要经过白云区的几何中心，加上白云四线道路升级改造工程，交通优势凸显指日可待。中部城市中心正蓄势待发。

第五节 "八大产业园区"组成强力抓手

"八大产业园区"是根据白云区"十三五"发展规划确定的发展思路,对"三大枢纽""一心四片"产业布局的进一步深化和落实,将着力发展实体经济,聚焦"IAB""NEM"等重点产业和现代服务业,规划建成产业定位清晰、生态环境优美、交通出行便捷、配套设施完善、运营管理到位的现代园区。

"八大产业园区"包括:

黄金围新一代信息技术和人工智能产业园:规划定位为"人工智能策源地",重点发展云计算、大数据、物联网、移动互联、智慧城市等新一代信息技术产业,以及机器人、语言图像识别、深度学习、智能硬件制造集成等人工智能产业。

神山轨道交通装备产业园:规划定位为"轨道装备智能电器",重点发展轨道交通装备制造、高效清洁能源装备制造、智能工业装备制造、新能源和环保装备制造等新兴高端装备制造产业。

和龙科技创新谷:毗邻中新知识城等东部科技创新节点,自然环境优越,规划交通便利,规划定位为"白云硅谷",重点发展高新科技、环保、生态产业。

大田铁路经济产业园:精准对接"一带一路"建设,发挥跨境铁路运输优势,打造集跨境商品聚集、交易、中转和O2O跨境贸易于一体的产业区。

机场南临空产业区：大力发展航空运营服务、飞机租赁、飞机零部件维修与制造、航空会展商务等高端临空配套产业。

白云新城总部经济集聚区：规划打造白云新城 CBD，集聚航空、生物医药、商贸会展、融资租赁、跨境电子商务高端优质企业总部，建设成为广州标志性的高端商务区。

大健康生物医药产业基地：规划定位为大健康医疗产业基地，主要发展生物技术与制药、高性能医疗器械、智能健康管理系统及设备等产业。

现代都市消费产业园：立足化妆品、家具、服装、皮具、灯光音响等传统产业基础，以研发设计、展贸、体验、个性定制等价值链高端环节为导向，大力发展都市消费工业，形成价值创新示范性园区。

这八大产业园区不仅大大利于白云区的土地资源充分释放，激活土地发展潜力，推动土地集约利用，更重要的是将引领白云发展理念的彻底转变，将环境视为发展的前提，不仅要保护环境，更要优化环境，使优越的生态环境成为园区招商引资的招牌，在发展中打好"环境牌"，实现绿色发展，建设生态白云。

第六节 提升民生福祉，共享白云发展

白云区牢固树立"共享发展"理念，坚持发展"人人参与、人人尽力、人人享有"，坚守底线，突出重点，完善制度，引导预期，扎实办好民生实事，逐步提高居民收入，完善社会保障，维护社会公平，确保发展成果更多更公平惠及广大人民群众，建设"共享白云"。

在教育上，致力于构建优质均衡教育体系。推进学前教育公益普惠发展、义务教育均衡发展、高中教育优质发展、职业教育多元发展、民办教育规范发展、特殊教育完善发展、社区教育持续发展。优化教育资源布局，解决学位紧缺问题，广铁一中白云校区将于 2019 年开学招生，培英中学北校区将于 2020 年开学招生。提高农村中小学教育质量，优化空间布局。全面深化教育领域综合改革，深入推进教师队伍建设改革工作，外引内培推动教育优质均衡发展。

医疗领域重点推进健全医疗卫生服务体系。深化医药卫生体制改革，继续推进基层医疗卫生机构综合改革，坚持公益属性，稳步推进公立医院综合改革，创新医疗卫生专业技术人才引进培养机制，加强卫生人才队伍建设和学科发展。着力推进卫生计生服务体系建设。

促进文化、体育事业发展。加快文化、体育基础设施建设，构建覆盖城乡、结构合理、功能健全、实用高效的公共文化服务

体系，建成符合标准的区国家档案馆，完成区图书馆江高直属分馆的改造，推进广州市新儿童活动中心、白云区少年宫、儿童公园三期、白云文化广场、三角绿地公园、区文化馆新馆、区图书馆新馆、体育健身中心等文化体育基础设施建设。全面推进基层综合性文化服务中心建设，推进基础文化设施、体育设施全覆盖。大力推进区有线电视网络建设和数字化改造，实现"三网融合"。

组织开展丰富多彩的文体活动。深入推进全民健身，着力培育和打造白云标志性文化名片，发挥艺术家资源优势，打造白云特色文化品牌和文化产品。活化利用历史文化资源，加强对历史街区、文物建筑的保护开发，推进村史陈列馆、文化展览馆、家风家训馆建设，着力打造三元里爱国主义教育基地、太和北村特色粤剧文化村、火龙节、桃花雅集等白云文化品牌。加强非物质文化遗产保护传承。推动白云文化参与粤港澳大湾区文化交流融合，提升白云城市文化形象。

推动文化、体育产业结构优化升级。扶持一批具有产业集聚效应的龙头企业和有影响力的文化品牌。发展壮大体育彩票销售、电视传输服务、传媒演艺娱乐、网络文化服务、广告工艺美术等传统文化、体育产业形态，加快发展培育动漫游戏、文化创意、数字出版、移动多媒体等新型文化业态，构建平安有序的文化市场。

建立城乡一体的社会保障体系。推进社会养老保险制度建设，构建覆盖城乡、全民共享的多层次社会保障体系，构建功能完善、规模适度、覆盖城乡的养老服务体系，推动养老服务社会化和医养融合发展。构建全覆盖的社会救助和福利体系。探索制定政府转移职能和向社会组织购买服务目录。扩大住房保障覆盖面，进一步完善住房保障制度。建成国家5A级婚姻登记处，推进慈善事业全民化、社会化、常态化、规范化发展，做好优抚安置工作。

完善区级扶贫帮困长效机制，开展精准扶贫，提高扶贫实效，全面完成脱贫任务。

构建完善的就业机制。着力改善和提高就业质量，全力推进高校毕业生、城镇就业困难群体、农村劳动力就业帮扶，确保城镇登记失业人员就业率达70%以上。促进劳动关系和谐稳定。健全劳动关系协调机制，构建和谐稳定劳动关系。

在食品安全领域提升保障能力。落实地方粮食储备。提升"菜篮子"安全保障能力，保证区"菜篮子"产品供给充足、质量可靠。强化食品药品安全监管，构建社会共治监管格局。

展望未来

第七节

面向世界，面向未来，白云致力于提高政治站位、强化政治担当，全面贯彻党的十九大和十九届二中、三中、四中、五中全会精神，以习近平新时代中国特色社会主义思想为指导，深入学习贯彻习近平总书记关于深化改革开放、推动高质量发展、提高发展平衡性和协调性、加强党的领导和党的建设的重要论述，以及习近平总书记对广州提出的实现老城市新活力、在四个方面出新出彩的重要指示，全面贯彻省委"1＋1＋9"① 和市委工作部署，进一步深化、完善和落实区委"1358"发展思路，敢为人先、敢闯敢试，逢山开路、遇水架桥，敢于担当、锐意创新。

到 2020 年，白云区以率先全面建成小康社会为目标，加快建设创新宜居空港区。到 2022 年，粤港澳大湾区发展核心引擎的重要承载区作用充分彰显，城市能级和核心竞争力大幅提升，现代化经济体系基本形成，城市形态实现大提升，国家中心城市和国际大都市现代化中心城区建设全面上新水平。

---

① 第一个"1"是指坚定不移加强党的领导和党的建设。第二个"1"是指以新担当新作为不断把改革开放推向深入。"9"是指扎实推进九个方面重点工作：一是举全省之力推进粤港澳大湾区建设；二是加快建设科技创新强省；三是扎实推进高质量发展；四是加快建设现代化经济体系；五是坚决打好三大攻坚战；六是实施乡村振兴战略；七是构建"一核一带一区"协调发展新格局；八是加快文化强省建设；九是营造共建共治共享社会治理格局。

一是经济发展水平更高。全面迈向高质量发展，经济总量持续扩大，新旧动能加快转换，经济结构不断优化。传统产业加快升级，新兴产业爆发成长，市场主体创新活跃，技术原创能力和科技成果转化能力日益增强，产业整体水平提升，形成以先进制造业、高端现代服务业、战略性新兴产业为支撑的强劲动能。

二是综合城市功能更加强大。枢纽型网络城市建设成效显著，国际航空枢纽地位更加凸显，综合交通枢纽功能不断强化，内联外畅综合交通体系基本形成，科技创新枢纽建设取得明显成效，成为粤港澳大湾区面向全球集聚扩散人流、物流、资金流、知识流、信息流等高端要素的吸附器和辐射源。

市场化国际化法治化营商环境明显改善，干净整洁平安有序城市环境显著提升，投资贸易便利化和生活服务便利化水平进一步提高。城市管理更加精细化品质化，社会诚信体系基本建立。居民综合素质不断提升，城乡文明程度明显提高。空气、水等生态环境进一步优化，城市道路里程增加 150 千米，人均公园绿地面积达到 18 平方米/人，城市生活污水处理率达到95%。

三是比较优势更加突出。产业优势、文化优势、营商环境优势、人才优势、生态优势、公共服务优势等大步跃升，形成国际一流现代化国际化营商环境，城市环境实现大转变大提升，城和乡、物质文明和精神文明协调发展，在推动高质量发展、创造高品质生活上走在前列。

四是社会管理不断优化。社会治安良好，平安白云建设成效显著，社会大局和谐稳定；出租屋和来穗人员服务管理有序；安全生产责任落实到位，各类安全事故得到有效压减，安全发展示范城市创建达标；矛盾纠纷排查化解及时有效；社会法治意识增强，基层自治能力明显提升。

五是民生福祉不断提升。发展成果更多更公平惠及广大人民，城乡居民人均收入与经济同步增长，城镇登记失业人员就业率确保70%以上。完成扶贫帮困任务，社会保障、教育、医疗、文化体育等服务体系更加健全，全区人民共同迈入小康社会。

六是各级党组织更加坚强有力。党的领导和党的建设全面加强，党的政治建设、思想建设、组织建设、作风建设、纪律建设全面推进，思想和制度治党水平全面提升，干部能力素质全面增强，反腐败斗争保持压倒性态势，风清气正干事创业的政治生态环境进一步巩固和提升，党的建设质量全面提高。

白云区经济社会2020年发展目标表

类别	指标	2015年基数	2020年目标	属性
经济发展	地区生产总值年均增速（%）	7.7	7.5	预期性
	区一般公共预算收入税收占比（%）	71.6	80	预期性
	现代服务业增加值占服务业增加值比重（%）	58.7	65左右	预期性
创新驱动	全社会研究与开发（R&D）经费占GDP比重（%）	—	2.5	预期性
	专利授权项数（件）	4840	8000	预期性
	市级以上企业工程研发中心（个）	48	60	预期性
	高新技术企业家（个）	109	200	预期性
	高新技术产品产值占规模以上工业总产值比重（%）	31.8	38	预期性
	民营科技园"一核四园"营业总收入（亿元）	429	1000	预期性

（续表）

类别	指标	2015年基数	2020年目标	属性
城市环境	新增城市道路累计里程数（公里）	35	150	预期性
	城市生活污水集中处理率（%）	90.2	95	约束性
	人均公园绿地面积（平方米）	17.3	18	预期性
	森林覆盖率（%）	27.02	27.07	预期性
	万元生产总值能耗累计降低率（%）	4.2	完成上级下达目标	约束性
人民生活	城镇居民人均可支配收入年均增速（%）	8.7	7.5	预期性
	农村居民人均可支配收入年均增速（%）	9.1	7.6	预期性
	城镇登记失业人员就业率（%）	70	70	预期性

附　录

　　自 1840 年以来，中华民族为争取民族独立、实现伟大复兴而奋斗，特别是中国共产党领导下的新民主主义革命和社会主义革命与建设，集中反映了中国共产党领导中国人民取得的光辉业绩和社会主义现代化建设的丰硕成果，蕴含着中华民族和中国共产党人的优良传统。

　　革命遗址与文物是文化的载体和遗存，是物化的历史，承载和记录着时代信息，是红色的印记，不会随着岁月流逝而褪色。希望通过这些革命遗址、革命文物与纪念场馆，铭记这段历史，悼念英雄。

附录一 革命遗（旧）址

一、东平马市岭自然村解放战争游击根据地旧址——哪吒宫

东平马市岭自然村解放战争游击根据地旧址——哪吒宫，位于白云区永平街道东恒居民委员会马市岭岭南路 2 号，为当地民众祈福的场所。该建筑始建于清乾隆年间，1927 年重建，后几经修葺。坐东北朝西南，三路两进，总面阔 16 米，总进深 13.3 米，砖木结构。

1937 年春夏之间，中国共产党为了把抗日工作深入到农村，

哪吒宫

派出地下党员到马市岭建立地下党支部,与中国农工民主党共同建立抗日游击队,以哪吒宫为掩护,作为联络点和指挥部,组织发动群众参加抗日斗争,开展反征粮、反征兵、反汉奸、反土匪恶霸等活动。1949年,组建广州东北郊人民游击队,在配合南下解放军解放广州地区方面做出了积极的贡献。经批准,哪吒宫挂牌为"东平马市岭自然村解放战争游击根据地"。

二、广州东北郊游击队驻地旧址——穗丰矮嶂自然村

1949年4月,中共地下党员李汉光在太和地区组织"农民大同盟",有30多人,20多支枪,在帽峰山周边地区活动,发动群众,反对国民党政府"三征"。同年7月,在帽峰山的矮嶂自然村(今穗丰村)成立了广州东北郊人民游击队第一区队,岑干强任区队长。一个月后,转移到帽峰山上。是年5月,中共设禺北独立区委,徐幽明任区委书记兼东北郊人民游击队政委,李汉光

穗丰矮嶂自然村

任队长,陈明任组织委员兼政训室主任,陈康负责地方党工作,周伯尧任宣传委员兼副队长。游击队以同和、八斗山区和东平地区为活动基地。队员白天各自干活,晚上有敌情便集中起来活动。队伍发展很快,分别在帽峰山周围几十里的大源洞、白山洞、头陂洞、罗布洞等地组成小分队。各小分队班长以上的干部经常集中在帽峰山脚下的矮嶂村进行军事训练。部队主要任务是巩固和继续扩大队伍,组织农会,寻找战机,打击敌人。另一重要任务是筹粮、筹款、筹枪,向一些大姓的公尝借款借粮,组织一部分农村党员、团员、农民积极分子参加解放军部队。这支队伍为配合中国人民解放军解放广州做出了贡献。

三、帽峰山游击队驻地旧址——念溪杨公祠

帽峰山游击队驻地旧址——念溪杨公祠,位于白云区太和镇穗丰村石船路四巷 22 号。该建筑是一座面阔三间深两进,砖木结构的客家祠堂,坐东北朝西南,总面阔 12.2 米,总进深 15.4 米。

念溪杨公祠

祠前有一片大地坪和一个池塘，祠后小山丘，绿树苍茏，左右为民居。太和镇是一个具有革命光荣传统的地方，太和民众在三元里抗英斗争、太平天国运动、抗日战争和解放战争中曾发挥过重要作用。穗丰村地处山岭之中，村民以农林业为生。

1949 年，为了配合南下大军解放广州，中共珠三角地区工委和中共番禺县工委决定，成立广州东北郊人民游击队，由中共禺北独立区委具体领导，李汉光任队长，徐幽明任政委，周伯尧、梅日新任副队长。当时部队经常以念溪杨公祠为驻地，领导群众开展游击活动。

帽峰山游击队驻地旧址所在的穗丰村位于太和镇的东面，丘陵地貌呈东高西低，坐落在海拔 534.9 米的广州市第一高峰帽峰山脉中，水资源丰富，植被茂盛。属南亚热带季风气候，常年平均气温为 21.9℃，年降雨量为 1650 毫米，夏无酷暑，冬无严寒，气候湿润，雨量充沛，日照充足，适宜南方植物生长。

帽峰山游击队后来转移到帽峰山上，帽峰古庙为游击队重要的活动场所。

帽峰古庙

古庙坐西朝东，分为三路两进，左右有偏殿，各以青云巷相隔，整座建筑结构为硬山顶，五岳封火山墙，砖砌批灰博古脊，灰沙碌筒瓦，绿色琉璃瓦当剪边，青砖墙花岗岩石脚。据悉，古庙正门上方的"帽峰古庙"四个字原先为石额，现已不存，目前所见的木匾是按原貌重造。

四、马市岭村禺北游击队根据地旧址——何氏宗祠

马市岭村禺北游击队根据地旧址——何氏宗祠，位于白云区永平街道东恒居民委员会马市岭，1938—1949年，中共地下党组织把马市岭作为游击队交通联络点和活动基地，建立地下党支部，以马市岭小学（何氏宗祠）为阵地，地下党员以教师身份作掩护，发展了该村10位同志入党，领导群众保护革命力量，搜集敌军情报，开展反征粮、反征税、反土匪恶霸等斗争，在抗战和迎接南下大军解放广州等革命斗争中做出了贡献。该旧址为研究禺北地区开展抗日斗争和解放战争提供了实物资料。

据族中长者讲述，该祠始建于清代，坐东朝西，三间三进，

何氏宗祠旧址

面阔 13.5 米，总进深 34.8 米，硬山顶，灰塑博古脊，"金包银"墙体（外面青砖墙，里面泥墙）。旧址位于永平街北面，东临白云山脉，植被良好。属南亚热带季风气候，空气湿润，雨水较多，四季不明显，树木常年青绿。地势平缓，土壤适宜种植水稻和经济作物。村民多为客家人，以何姓为主。旧址门前为村建的休闲公园，左边为街巷，建筑周边是居民住宅楼房和厂房，原有的景观已受到破坏。

五、同和握山村解放战争游击队根据地旧址——其明何公祠

握山是革命老区村，1937 年春夏之间，司徒卫中、梅日新、王鸾凤、潘日荣、黄志深等 10 多位同志前往握山村开展扫盲和宣传抗日救亡工作，动员村民参加广州抗日青年团。1947 年初，中共番禺县委派出李汉光、陈红娇、吕任远、黎荣民以教师的身份，以其明何公祠（学校）为根据地，组建广州东北郊游击队第三区队，握山村有 16 名热血青年参加了游击队。他们在地下党组织的

其明何公祠

领导下，建立了交通情报站，为党组织和游击队等筹集经费和物质，传递情报等。广州解放前夕，同和地区成立禺东人民解放委员会，当年村中青年游击队员何甘棠就任广州禺东人民解放委员会副主席，他们维护地方秩序，发动群众支援前线，迎接广州解放，为解放广州做出了重大的贡献。1996 年 11 月，经广州市人民政府批准，握山村被评为"同和握山村解放战争游击队根据地"。

其明何公祠又称敦义堂，位于白云区同和街道握山居民委员会握山中路 55 号，据族中长者讲述，始建于清乾隆初年，是何其明之孙为纪念祖父而修建的，道光三十年（1850 年）重修，1999 年修葺。坐西朝东，三路两进，中路为主祠，左右为衬祠。总面阔 22 米，总进深 23 米。硬山顶，人字封火山墙。灰塑博古脊，青砖墙石脚。主祠面阔三间进深两间，架十三檩。后堂前带两廊一天井，廊房六架卷棚顶。后堂面阔三间进深三间，架十五檩。明间后墙设神龛，供奉先人牌位。本祠总体保存完整，建筑木雕、砖雕、石雕、灰塑以及室内壁画造工精细，工艺精湛，对于研究岭南的雕刻艺术有一定的历史价值。

六、太和西罗乡抗日民主政府旧址

太和西罗乡抗日民主政府旧址，位于白云区太和镇穗丰村罗布洞路 16 号。三合院建筑，占地面积 196.68 平方米，坐南朝北，泥砖墙，两坡瓦面。1941 年 4 月中国共产党领导下的东江纵队，活动于广州东北郊帽峰山一带。游击队发动群众参加抗日游击队，开展抗日游击活动。东江纵队独立第二大队负责人张冠雄说服当时的乡长管其琳交出联防队枪支，并与游击队合作。1944 年 8 月 6 日，正式挂牌成立"抗日民主西罗乡政府"，1945 年 1 月遭敌人破坏围剿而停止运作。这是当时禺北地区第一个乡级红色政权。

西罗乡抗日民主政府旧址

旧址位于穗丰村罗布洞公路旁，背后小丘陵，树木茂密，左右均为房屋，村民以农林业为生。旧址建筑已不存在。

七、广州起义队伍北撤宿营地——谢氏大宗祠

谢家庄村谢氏大宗祠又称荫兰堂，位于白云区太和镇谢家庄村宝树路五巷。为祭祀开村先祖谢德锡而建，据族谱记载，始建于清乾隆二十五年（1760年），先后于嘉庆二十五年（1820年）、光绪十八年（1892年）和2007年重修。

据有关史料记载，1927年12月13日傍晚，参加广州起义的教导团官兵以及徐向前等率领的工人赤卫队部分战士1200多人从市区撤到太和，分别在太和圩联升社学及谢氏大宗祠宿营。

谢氏大宗祠旧址位于谢家庄西面，坐东北朝西南，三路三进，由主祠、衬祠、青云巷等组成。总面阔26.5米，总进深41.5米，建筑占地面积约1100平方米。主路面阔三间12.9米。硬山顶，

谢氏大宗祠

镶耳封火山墙，灰塑博古脊，青砖墙石脚。祠前保留有宽阔的地坪约 2800 平方米，再前是池塘。2007 年按原貌重修，整座建筑高峻宽敞，砖、木、石雕刻精致，灰塑、壁画富丽堂皇。其为该镇保存较完整的大祠堂之一，具有一定历史文化价值。现为老人活动场所。

八、广州起义队伍北撤宿营地——联升社学

联升社学旧址位于白云区太和镇和珊居民委员会联升西路 131 号，据门额记载，始建于清道光十八年（1838 年），并于 1854、1856、1861、1996 年分别进行重修。

该社学原为睦邻议事、管理市场的场所。鸦片战争爆发后，成为团体习武和抵抗外来侵略的指挥中心。在三元里抗英斗争和驱逐龙眼洞英法联军中发挥过重要作用。

1927 年 12 月 13 日傍晚，参加广州起义的教导团官兵以及徐向前等率领的工人赤卫队部分战士 1200 多人从市区撤到太和，分别在太和圩联升社学及谢氏大宗祠宿营。

联升社学

一百多年来，社学曾三建三毁，1854 年，被"红兵"放火烧毁；1856 年重建，行将竣工，遭狂风摧毁；1861 年复建，房舍因年久失修以至坍塌，仅存主路部分。

该旧址坐东北朝西南，祠堂式建筑，砖、木、石结构。三路二进，总面阔 24.6 米，总进深 21.6 米。《太和市联升社学序》碑刻原置于二进后堂墙上，1976 年连同一对石狮子被广州博物馆收藏，现陈列于三元里抗英纪念馆内。

该旧址为研究当代历史提供了重要实物依据。现为镇文化站和老年人的活动场所。2002 年 7 月，其被认定为广州市文物保护单位。

九、中共石井兵工厂支部旧址

中共石井兵工厂支部旧址位于白云区西北部石井街，1924年，这里诞生了白云区第一个党组织——广东兵器制造厂支部。由于广东兵器制造厂坐落在石井圩，所以也称石井兵工厂。

在大革命时期，石井兵工厂有 2000 多名工人，是一个大厂。

厂里的工人大多数来自附近的农村，有张村、槎头、大岗、潭村、马岗、亭岗等地。他们是白云区第一代现代产业工人，也是建党的阶级基础。

1923年，中共广东区委派党员罗绮园、彭粤生、梁啸海、沈厚堃等到石井兵工厂开展工作。他们到石井兵工厂后，开办了青年工人艺徒补习学校和工人夜校，在工人中宣传共产主义入门和社会主义发展史。同年底，中共党员杨殷也来到兵工厂，利用兵工厂原有的"研艺小隐"团体，从中吸收了一些先进分子，然后发展成党领导下的工人秘密组织"十人团"，并发展了团员罗珠、陈日祥、罗俊、冯端、张桥、郑沃等人。1924年，上述团员和工人梁芳、屈锐一起，在谭平山的主持下，加入了中国共产党，这是白云区最早的一批党员，同时成立了兵工厂支部，由中共广东区委直接领导，这是白云区最早的党组织。1926年2月，谭天度任书记，同年9月，周文雍接任书记。

1924年9月至1926年12月，周恩来在广东工作期间（第一次国共合作期间），亲临石井兵工厂视察并亲手栽下了一棵榕树，现今仍郁郁葱葱。

十、广州解放南下大军双岗村居住地旧址

1949年10月，广州解放前夕，解放军沿粤汉铁路南下，主要是四野部队，共有12万余人。白云区江高镇双岗村毗邻广州，西面是京广铁路，东面是广（州）花（县）公路，扼广州西北面交通要塞，地理位置特殊。为了保证解放大军、重型武器和军需供应南下，南下大军部队100多名士兵进驻了双岗村，村中祠堂不能满足驻军的住宿需求，村民钟毓才等人自愿地把祖屋或闲置的房子让给南下大军居住。广州解放后，南下大军仍居住在村里，持续了一年时间。

双岗村旧址

2010 年，据双岗村 81 岁老人钟毓才口述，当时天气已经转凉，南下大军驻村期间，军民关系融洽，军拥民，民爱军。村民钟伯海的姐姐嫁给了驻军中的一位排长。到现在，钟毓才还记忆犹新，他吃过南下大军煮的饺子。南下大军多是北方兵，饺子是最好的食物，对于以米饭为主的南方村民来说，饺子是稀有的食物。

十一、悦享温公祠

悦享温公祠位于白云区太和镇穗丰村高坟路三巷 9 号。1933年初，著名的英德"鱼湾暴动"的组织者和领导者之一，后为东江抗日游击纵队主要领导人之一的邬强受党组织委派，前往设在高坟村的悦享温公祠的私塾任教，发动群众抗日，并先后发动温亦田等 10 多位青年农民参加东江抗日游击纵队独立第二大队。1944 年 5 月，独立第二大队在罗布洞（今穗丰村）开辟抗日根据地，并于 1944 年 8 月 6 日正式挂牌成立了当时广州东北郊唯一一个由中国共产党建立起来的民主抗日乡政府——抗日民主西罗乡政府。1945 年，中国人民抗日战争进入决战阶段，时任东江抗日游击纵队第四支队作战参谋的萧光星于同年 5 月率部入驻高坟，以悦享温公祠为指挥部，策划、指挥与盘踞在西罗乡一带之日寇残部以及国民党别动队、杀敌队的罗布洞战斗，最后在战斗中壮烈牺牲！

悦享温公祠

附录二

纪念碑亭及纪念场馆

一、太和乡抗战殉国同胞纪念碑

太和乡抗战殉国同胞纪念碑位于白云区太和镇联升西路原广州市第七十七中学校园内。抗日战争时期，太和地区抗日武装斗争风起云涌，1939年广州农工民主党的司徒卫中、梅日新等在帽峰山麓的石船、满山等地建立抗日游击队，1940年由伍观淇领导的第七战区第四挺进纵队政训队也在此组织抗日杀敌大队。与此同时，由共产党领导的东江纵队独立第二大队亦在穗丰、兴丰地区开展抗日游击战。太和地区有近千人参加了抗日杀敌斗争，其中不少人为国牺牲。

太和乡抗战殉国同胞纪念碑

1946年秋，为纪念抗日战争中死难的同胞，由江弼东发起，广大绅耆及乡民捐资建造该纪念碑。纪念碑坐北向南，是方尖碑形制，上小下大，碑身高约3.4米，底边长0.6米。基座底边长1.65米，高0.8米，碑上阴刻"太和乡抗战殉国同胞纪念碑"。2002年9月，其被公布为广州市登记保护文物单位。

二、竹料三烈士纪念碑

竹料三烈士纪念碑位于白云区钟落潭镇竹料公路旁。始建于 1959 年 4 月，为纪念 1950 年在清匪反霸、支前建政工作中牺牲的庄銮、张冰、郑云三烈士而建。原为一个陵园，前为烈士亭，后为纪念碑，因房地产开发而拆去烈士亭及挪用了部分陵园用地。1996 年由白云区人民政府及竹料镇政府重立该碑。陵园占地面积约 228 平方米。周边铁栏栅，园内环植柏树，门口正对公路。园内竖立一方形纪念碑，该碑坐南朝北，由碑座和碑身组成，水刷石米批荡，碑身宽 1.1 米，高 4 米，碑座边

竹料三烈士纪念碑

宽 1.4 米。正面镶嵌一花岗岩石板，上面篆刻仿毛体行书"烈士永垂不朽"。碑座下安放着 3 块花岗岩石碑，分别为"烈士张冰同志之墓""烈士庄銮同志之墓""烈士郑云同志之墓"。纪念碑背后立有一块墓志铭。该纪念碑对后代爱国主义教育有着重要意义。

墓志铭全文：

1949 年秋，中国人民解放军粤赣湘边纵队政治部文工团，随我纵队主力，从东江转战珠江三角洲，年底胜利抵达番禺市桥。1950 年 2 月，奉命开赴禺北开展工作。边纵文工团队员分组深入太和、竹料、钟落潭、九佛等乡村发动群众反霸、支前建政。1950 年 3 月 17 日，驻龙塘村工作组于下午

4时执行任务返回驻地途中，突遭匪徒伏击，我队员英勇还击，终因寡众悬殊，庄鎏、张冰、郑云三同志壮烈牺牲。张冰，女，中国新民主主义青年团团员，广东兴宁县人，1949年4月参军，牺牲时18岁；郑云，男，广东省中山县人，1949年12月参军，牺牲时17岁；庄鎏，男，广东揭西县人，1949年6月参军，牺牲时19岁。三烈士风华正茂，斗志坚强，为了党的革命目标，为了中国人民解放事业坚贞不屈，直至洒尽青春热血，献出了宝贵的生命，他们不愧是祖国和人民的好儿女，优秀的革命战士。三烈士永垂不朽！

> 广州市郊区人民政府，竹料公社管理委员会
>
> 1982年春立

纪念碑所在的竹料圩位于钟落潭镇西部，西沿流溪河，地势平坦，属南亚热带季风气候，夏无酷暑，冬无严寒，热量丰富，日照充足，适宜于居住环境和农作物生长。

三、良田革命烈士纪念碑

良田革命烈士纪念碑位于白云区钟落潭镇良田村土名壆尾土岗上，建于2004年，坐东南朝西北。纪念碑建在一个高1.2米，面积约80平方米的平台上，四周砌有围栏，西面砌有七级台阶上落。纪念碑由方形碑座及下大上小之方柱碑身组成，总高5.5米，碑座高1.2米，边宽2.5米，碑身底长1.2米，顶边长约0.5米，整座碑用瓷砖贴面。正面镌刻"良田革命烈士纪念碑"；左侧面镌刻"革命烈士永垂不朽"；右侧面镌刻"为国为民丹心照汗青"。碑座三面均刻有题记，记述事件经过及六烈士的生平简介。纪念碑园约有200多平方米。在纪念碑通道前左侧竖有一块2004年"捐资芳名"碑刻。

良田革命烈士纪念碑

1950 年初，广东地区已相继解放，县以上的党政机构亦已成立。番禺县禺北区（今广州市白云区）在县委的领导下，先后成立了"番禺县地区联乡办事处"和"番禺县北区支前指挥所"作为过渡性行政机构，直接领导该地区开展"宣传政策、发动群众、征粮支前、建立各级政权"的中心工作；同时，还对原国民党政府的区、乡、保等旧职人员进行清查，为建政工作打下基础。当时，禺北地区政治土匪活动猖獗，土匪散播谣言，恐吓群众，暗杀干部，扰乱治安。1950 年 2 月 11 日夜，匪首谢活荣、陈六禧网罗 130 多名匪徒包围驻同升乡（良田村）工作队驻地金花庙，疯狂杀害杜子骏、曹沛霖、曹灿坤、谢雨金、沈容珍、沈秀华 6 位工作人员，欠下人民一笔血债，史称"良田事件"。

纪念碑所在的良田村位于钟落潭镇中心地区，是丘陵地带，周边是山岭，绿树成荫，地势东高西低，属南亚热带季风气候，夏无酷暑，冬无严寒，热量丰富，雨量充沛，适合于南方农作物生长。碑前通道两侧各有六棵松柏，前面花坛，整座纪念碑庄严肃穆，成为对后人进行爱国主义教育的一个基地。

四、城北抗战阵亡将士纪念碑

城北抗战阵亡将士纪念碑位于白云区江高镇河心洲江高公园内，是为纪念1938年10月禺北民众在流溪河抗击日军的爱国壮举而建。1938年10月23日，侵华日军侵占广州城三天后，企图经石井、江村向北进犯，控制粤汉铁路。广东民众抗日自卫队第四战区第一游击纵队司令伍观淇指挥部下及各乡抗日民众在流溪河北岸设防，阻击日军北进。双方在流溪河两岸对峙，激战持续了十二昼夜，后因日军改东西两路包抄战术，从从化太平场渡过流溪河，迂回到抗日自卫队背后，自卫队和抗日民众被迫撤离。此役共击沉日军汽艇、橡皮艇20多艘，击伤敌机1架，毙

城北抗战阵亡将士纪念碑

伤日军200余人，自卫队有61人殉国，38人负伤，史称"江高之役"。

该碑原立于江高镇江夏岭，是伍观淇于1946年7月主持兴建并亲笔题字。1995年8月迁移至此。

五、禺北民众抗日纪念亭

该纪念亭是为纪念抗日战争胜利50周年，白云区人民政府采纳区内民革、民盟、民进三个民主党派提议而兴建。1995年4月

4日奠基，同年8月15日建成，建成时将城北抗战阵亡将士纪念碑迁至一处。其是白云区爱国主义教育基地之一。纪念亭坐西北朝东南，南北宽15.7米，东西长86米，亭高10.95米，总面积为1350平方米（连前后通道）。亭分两栏，第二亭栏上石额镌刻时任全国政协副主席叶选平亲笔题书："禺北民众抗日纪念亭"。

六、三元里人民抗英斗争纪念馆

三元里人民抗英斗争纪念馆位于广园中路34号的三元古庙。该庙建于清初，原是一座道教神庙。

1840年6月，英国发动对华鸦片战争。次年5月29日，英军到三元里一带抢劫，侮辱妇女，三元里附近103乡人民"义愤同赴"，自发组织起来在古庙前誓师抗英，组成反侵略武装。5月30日晨，数千名义勇乡民逼近英军司令部所在的四方炮台，诱敌至牛栏岗，经过一天激战，消灭英军200多人，三元里人民大获全胜，谱写了近代史光辉的一页。

三元里人民抗英斗争纪念馆

　　为纪念这一英雄壮举，三元古庙遗址于 1958 年 11 月被辟为三元里人民抗英斗争史料陈列馆。1961 年，三元里人民抗英斗争纪念馆建成，主体陈列当年三元里农民高举三星旗在北帝神像前誓师抗英场景的复原，馆内陈列三元里抗英的文物史料，有三星旗、缴获的英军军服、大刀长矛、伍紫垣印章等文物与资料，系统地介绍三元里人民抗英斗争的史实。2016 年 12 月，三元里人民抗英斗争纪念馆入选《全国红色旅游景点景区名录》。

　　纪念馆附近立有三元里人民抗英烈士纪念碑，碑上写着："一八四一年广州人民在三元里反抗英帝国主义侵略斗争牺牲的烈士们永垂不朽！"纪念碑现为广州市文物保护单位。

七、白云区新时代讲习所

　　新时代讲习所又称云湖学堂，坐落在白云湖景区管理处内，依托白云区历史上首个中共党支部——石井兵工厂支部这一红色资源，由白云区白云湖街、广州市水务局白云湖管理处联建。

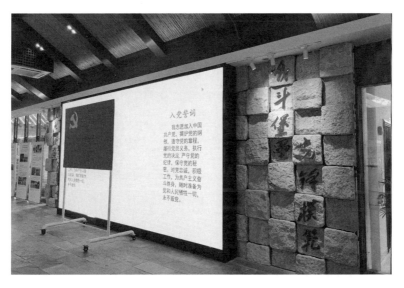

云湖学堂

新时代讲习所也是白云区红色历史的展览馆，在这里可以看到中国革命的缩影。通过图文的方式，展示了石井兵工厂的成立和白云区历史上第一个党支部怎样艰难起步。1866年，张之洞在石井购地30余亩（2公顷）筹建枪弹制造厂。1887年建成投产。该兵工厂几番易名，一度改名广东兵器制造厂，因坐落于石井亦称为石井兵工厂。大革命时期，广东兵器制造厂有2000多名工人，是第一代现代产业工人。1923年，共产党员杨殷来到兵工厂工作并发展党员。1924年，罗珠、陈日祥、罗俊、冯端等人光荣加入中国共产党，这是广州禺北地区最早的一批党员。随后中共广东兵器制造厂支部成立，是当时广州禺北地区最早的党组织，也是白云区历史上第一个党组织。

重要人物

黄文生

黄文生（1885—1943），白云区蚌湖镇南方村八庄人。

黄文生年轻时在加拿大当码头工人，遇孙中山到加拿大宣传民主革命和筹募革命款项，黄文生闻之深受感动，于是积极发动华裔参加革命工作，捐资给孙中山作为革命经费。

孙中山离开加拿大时邀黄文生一同回国参加革命，黄文生欣然从命，并任孙中山侍卫队长。辛亥革命成功，孙中山任临时大总统后，曾拟委黄文生以要职，黄因自己文化低辞而不就，仍跟随孙中山任侍卫队长。陈炯明叛变革命炮轰总统府时，黄文生竭力护卫孙中山安全撤离至舰上。

孙中山逝世后，黄文生转随李济深，在陈铭枢的十九路军张炎部任营长。1932年，日本侵略军发动"一·二八"淞沪战争，黄文生率部英勇抗击日本侵略军。1933年，福建省人民革命政府成立，黄文生随张炎部在福建人民政权下任营长。1937年，黄文生任广东省西江八属游击区税警第三总队营长。1938年，黄文生任广东省第二游击区副大队长（伍观淇部），进行抗日斗争，直至1943年在四会县六和圩病死军中。

林成佑

林成佑（1901—1928），又名林继佑，番禺县聚龙村（今属广州市白云区松洲街）人。出身贫寒，曾随父生活在香港，后因难寻生计返家耕田。

1926 年下半年，广东省农民协会派王岳峰、黄谦等人到聚龙村指导组织农会。8 月，聚龙村农会成立，主席是林恭锐，林成佑与 100 多名村民加入。10 月，林成佑被选派到芳村谢家祠的农民自卫军模范队训练班学习 3 个月，为筹集学习和生活费用，他将继承伯父名下的几分田抵押出去，并借了 20 块大洋作学习经费。学习结束后，林成佑由王岳峰等人介绍加入中国共产党，后来，他成为聚龙村党支部的创始人之一。

回村后，林成佑在村里选拔 15 名青年组成了农军，并把自己在模范队训练班学到的军事和政治知识悉心传授给队员。由于他对农军训练有方，当时横滘、上步的农军也由他领导。

1927 年冬，广州起义前夕，林成佑接受任务与上步村杨励盘参加秘密制枪工作。广州起义爆发后，林成佑带领农军和村中青年会合广州市郊区第四区农会农军，共 300 多人参加斗争。他对农军说："这次参加暴动，怕死的不要去。到广州不准私自拿东西。要服从分配。"并给每个人发一条红带扎在手臂，作为标记。

1928 年 1 月 24 日，林成佑等市郊第三、四区农会的党员骨干在芳村花地开会，被国民党军警包围逮捕。尽管敌人强施各种毒刑，也未能从林成佑口中得到任何信息。敌人恼羞成怒，于 2 月将林成佑解赴广州刑场杀害。

就义前，林成佑沿途高呼："反动派一定要被打倒！革命一定要胜利！"他还厉声警告敌人："共产党人是永远杀不绝的！打死我一个，后面还有千万个站起来……"

残暴的国民党军警为了不让他开口，把他的双眉刺伤，一路上拳打脚踢，百般折磨。林成佑血流满面，但仍然昂首挺胸，慷慨激昂地继续高呼口号，年仅 27 岁的他英勇就义。

黄秋垣

黄秋垣（1881—1928），白云区同德村横滘人。家庭贫苦，只读过 3 年私塾。他为人豪爽，好打抱不平，常为村中贫苦人家出头争气，为村民所敬佩。

黄秋垣于 1925 年参加革命，当时正值广东农民运动高潮，省农民协会派出共产党员来石井同德乡开展农民运动。黄秋垣带头宣传发动群众参加农会。同年 3 月 14 日，同德乡横滘村农民协会成立，黄秋垣当选为农会主席。他积极带领农会会员实行"减租减压""统一称码"，废除苛捐杂税（特别是和更谷），显示出农会敢于向封建势力作斗争的气魄。该农会成为各村成立农民协会的榜样。

1927 年 2 月，广州起义前夕，黄秋垣带领本村农军到广州西村广雅书院后面参加市郊农民武装集会。之后，又与各村农会联系，组织农军武装攻打棠溪乡地主民团，扫除阻碍同德乡农民运动发展的封建势力。12 月 12 日清晨，黄秋垣接到上级关于"率领农军，开赴广州"，参加广州起义的紧急通知，立即与林成佑、杨励盘等带领农军 300 多人，分两路前往广州市公安局领取枪支弹药，参加广州起义的战斗。

广州起义失败后，黄秋垣并不气馁，他重新组织革命力量，应付恶劣形势。同年 12 月 15 日，军阀钱大钧和李福林及民团兵分三路，洗劫同德乡，杀死村民 32 人，黄秋垣藏在池塘里才得以脱险。敌人抓不到黄秋垣不甘心，在洗劫同德乡后的第六天，恩洲十八乡乡长派来 3 名武装军警，谎称南海县政府指名黄秋垣与周应祥（粤溪村农会主席）到瑶台蔡家祠开会，商议善后事。黄秋垣深知其阴谋，但为了保护群众利益，毅然冒险赴会。临行前，他再三对周应祥讲："我若遇害，你要找机会恢复农会工作。"黄秋垣一去便被扣押，解送到广州市惠福路南海县监狱。

1928 年 8 月 21 日晚上，敌人把黄秋垣惨杀于广州蟾蜍岗。

伍泽霖

伍泽霖（1897—1932），番禺县南浦村（今广州市白云区江高镇南浦村）人。

1924 年，伍泽霖在粤军第三军军士教导队受训，毕业后派往广东省省河护航队服役，后编入第四军陈铭枢师蔡廷锴营当排长，参加北伐。

北伐军攻克武汉后，陈铭枢师调回广州，伍泽霖因有战功，升为连长，一度负责保卫李济深公馆，称之为"李总司令卫士连"。

1929 年，陈铭枢出任广东省政府主席，该师改编为十九路军，蔡廷锴为总指挥，蒋光鼐为副总指挥，调驻粤北南雄一带。是年秋冬之间，两广发生战事，广西军部队渡过九江，攻下三水芦包，有直下白坭、赤坭之势。当时广东军陈济棠部节节败退，抵挡不住，十九路军便由粤北南雄挥军南下救援。伍泽霖是禺北人，熟悉番禺、花县一带地形，被派为尖兵，率连先行，参加赤坭、白坭阻击战。该军一到，稍一接触，广西军部队便立即退却，退回广西。

1932 年 1 月 28 日，日本帝国主义者无端挑衅进攻上海，十九路军是时正在淞沪驻防，伍泽霖所在的营奉命防守闸北前线，该营营长出缺，上级命令伍泽霖以第一连长兼营副长的名义指挥这个营（据该连第一班长伍于添后来对人说，军部原已准备升伍泽霖为营长，惜其不幸牺牲，没有实现）。

战争打响后，闸北是个重要阵地，战斗非常激烈，日寇屡次强攻，俱不得逞，敌我双方都伤亡惨重。伍泽霖为守住阵地，每天一早便骑着战马在前线来回巡视。某一天天色未明，伍泽霖正骑着马巡视队伍时，被日军狙击手发现，认为他是高级军官，乃集中火力向他发射。伍被击中多处，当场牺牲。

抗战胜利后，各界人士在广州沙河顶兴建十九路军抗日阵亡将士墓园，烈士碑上刻有伍泽霖的名字，永垂千古。

谭伯勤

谭伯勤（1911—1937），原籍白云区神山沙龙村。世居广州，幼年丧父，有兄弟4人。他先后在广州师范学校附小、广州师范学校就读。

1928年1月，谭伯勤报考广东航空学校公开招考的第三期飞行班，因初中未毕业而不予录取。同年10月，广东航空学校续招第三期飞行员，谭伯勤再次报考，终被录取。在航校，他刻苦钻研飞行技术，受到学校奖励。1930年3月9日，谭伯勤毕业后被派往广东空军第二中队任少尉飞行员。1936年广东空军为南京航空委员会接管，编入第二十九队服役，谭伯勤任中尉分队长。抗日战争初期，二十九队驻广州天河机场，配备美国霍克Ⅲ式驱逐机9架。

1937年9月21日早上8时，日驱逐机、轰炸机混合编队约30架进犯广州市区。接到战报，二十九队队长何泾渭即率机7架起飞，径直升至3000多米高度，在广州西村一带上空搜索敌踪。不久在西郊上空发现敌机一架，正向西村士敏土厂（水泥厂）俯冲投弹，二十九队机队立即追逐攻击。不料在3600米高空隐蔽着的敌驱逐机群突然从云层中冲下，将二十九队机队重重包围，二十九队机队空军勇士立即迎击敌机群。在北郊石井上空，谭伯勤驾机咬住一架敌机不放，凭着熟练的驾驶技术几次逮住敌机衔尾进逼，无奈座机速度逊于敌机，瞬间就被敌机绕到后面。谭伯勤利用霍克机减速转弯半径小的优点，轻身倏翻以避其锋，使敌机有如望风捕影。如是两机穿梭追逐，周旋约 20 分钟。敌机突然从浮云缝隙钻出，两机径直相向而飞，同时猛烈开火，中弹爆炸，谭伯勤以身殉国。事后，在清理战场时只捡回一小截谭伯勤穿过的黄色牛皮长靴入葬。谭伯勤牺牲时年仅 26 岁，遗下妻子和 5 女 1 男。

伍观淇

伍观淇（1886—1952），字庸伯，曾用名冠球，番禺县南浦村（今广州市白云区江高镇南浦村）人。曾出任军警督察处总参议、国民革命军总司令部办公厅主任兼少将总参议、广东省政府委员，并兼任全省地方警卫队编练委员会主任委员及地方武装团体训练员养成所所长等。

伍观淇曾在南浦乡间致力于帮助地方平息械斗、肃清匪盗，还在高塘办起一间民团养成所，训练一支乡民自己的武装队伍，以对付持枪的匪盗。他在南浦村办起第一间小学——慎修学校，并将仅有的一点积蓄投给学校作经费。

抗战初期，伍观淇受命为广东民众抗日自卫队统率委员会委员，负责统率番禺、花县、从化、增城、三水等地区的民众武装工作。广州沦陷后，这支民众武装奉令改编为第四战区第一游击纵队，伍观淇任纵队司令。广州沦陷当日，伍观淇立即从广州奔回禺北，召集一批青壮年扛起枪杆，与侵略者展开了艰苦的游击战。

1938 年 10 月 23 日，即广州沦陷第 3 天，气焰嚣张的日军占

领了广州城外的石井圩，企图渡过流溪河向北进犯。伍观淇指挥
游击队在流溪河北岸顽强抗击，战斗持续了 11 天，史称"江高之
役"。抗战结束，伍观淇热心乡梓之初衷不改，仅接受番禺县临
时议会参议长及番禺县建设委员会主任之职。在任期间，他禁赌、
禁鸦片、兴办教育，热心乡治，深得百姓拥戴。

　　1949 年 10 月，中国人民解放军解放了广州。翌年冬天，中
央人民政府副主席李济深通过中央统战部邀请伍观淇进北京。
1952 年冬，伍观淇因胃病恶化引起全身功能衰竭而谢世，葬于北
京东郊。

郑行果

　　郑行果（1892—1922），钟落潭郑家庄（今白云区钟落潭镇
钟落潭村坑边庄）人。童年时代在钟落潭读私塾，因家贫中途辍
学务农。

　　少年时，郑行果随乡人赴新加坡、马来西亚等地谋生。成年
后，郑行果在海外受到孙中山革命思想影响，毅然归国参加国民
革命。1922 年 6 月 16 日，陈炯明发动武装叛变，叛军 4000 人围
攻总统府，并悬赏 20 万元杀害孙中山。当时，追随孙中山的革命
军人黄明堂等先后在江西、广西等地起义。为策应起义军，华侨
革命党人谢八尧、邓伯曜、郑行果、谭振雄、郭家信等密约暗杀
逆首陈炯明。不料事情泄露，7 月 16 日郑行果等先后被捕。翌日
谢八尧首先被害。3 天后，郑行果等 4 位勇士亦就义，暴尸于白
云山麓。南洋华侨冒着危险将 5 位烈士遗体收殓，葬于黄花岗东
北面的荒山上（今动物园西北角），因恐墓冢年久而被荒草湮没
不彰，记名"河南公民"立石为志。1924 年，广东革命政府为 5
位烈士重修陵寝，孙中山亲自手书："南洋华侨邓伯曜、郑行果、
郭家信、谭振雄、谢八尧五人墓"。碑文由胡汉民撰写。另孙中

山秘书林直勉再撰碑文立于一旁，谓五烈士"以尽求激昂大义，蹈死不顾"。

司徒卫中

司徒卫中（1899—1966），又名司徒卫，开平县赤坎镇新村人。他是中国农工民主党的前身——中国国民党临时行动委员会（又称第三党）在广州东北郊最早的开拓者之一。

司徒卫中早年在乡间读过 5 年私塾，16 岁在英国警察学校学习。不久应征入英国陆军服役，参加过第一次世界大战。1919年，司徒卫中在伦敦加入中国国民党，先后任该党伦敦支部主任和华侨筹饷局伦敦分局主任。1924 年 1 月，孙中山指定他作为华侨代表参加在广州召开的国民党第一次全国代表大会。会后他被分配到黄埔军校党代表办公厅和青年军人联合会任干事。在此期间，司徒卫中接触到中国共产党人恽代英、苏兆征等，在他们的教育和介绍下加入中国社会主义青年团，并任省港罢工委员会纠察队教练。

1927 年，司徒卫中被国民党开除党籍。从此，他全力投身到工农大众的革命洪流中去。同年 5 月，参加广州市南郊农民协会。12 月，与农军一起投身广州起义，参加了抢占广三铁路石围塘车站的战斗。起义失败后，避难于香港。1937 年七七事变后，司徒卫中以广东民众抗敌后援会和民众抗敌御侮救亡会指导员的身份，发动同和地区农民参加这两个组织。同年底，同和地区成立番禺县第四区同和联保抗敌后援委员会，司徒卫中任会长。

1938 年上半年，日军南侵的风声日紧，司徒卫中和梅日新等组织同和地区的武装农民 60 多人，会同李伯球、黄相华、萧怀德等领导的广州抗日青年团 100 多人，组成约 160 人的队伍北上抗日。在国民党左派人士和邓演达旧部属的支持下，这支队伍被编入国民党第六十五军前敌指挥部别动总队，司徒卫中任副官。后又编入第六十六军群众义勇随军杀敌队，司徒卫中任中队长，进驻番禺、增城、从化3县交界的帽峰山区，并以此作为武装抗日的敌后根据地。广东省番增从民众义勇抗日游击纵队司令部成立后，司徒卫中被选为司令。各村也相继成立人民抗日自卫政权，积极发动农民参队抗日。半年后，队伍扩展为数百人，装备有机枪两挺，长、短枪一批。据不完全统计，1939—1940年间，这支游击队跟日伪和国民党顽固派进行过10多次大小战斗，击毙侵华日军军官10多人，歼灭日伪军100多人，锄奸10多人，缴获各式枪支50多支和其他武器弹药一批。

1940年，帽峰山根据地被国民党第六十三军攻占，游击队受到严重破坏。司徒卫中到韶关多方活动，计划重组抗日队伍。然而国民党反动势力却以"奸党"的罪名逮捕司徒卫中，幸得郭翘然、陈伊林等人多方营救始得出狱。1946年春，司徒卫中离穗赴港，在彭泽民领导下任中华民族解放行动委员会港九整理委员会委员。他积极动员中华海员工会香港分会脱离国民党的控制，组织海员罢工停航，以配合人民解放战争。同年司徒卫中加入中国民主同盟。

中华人民共和国成立后，司徒卫中回到广州办实业，开设了民育牛痘疫苗制造厂。1951年春，入南方大学研究院学习。1952年9月，任台山县工商联秘书。1954—1956年，任江门市文教科副科长、农工民主党江门市委员。1956年8月，任广东省文史研究馆馆员。

杨遂良

杨遂良（1907—1975），白云区人和镇蚌湖黄榜岭村人。先祖以耕种为业，祖父和父亲均在海外谋生，田地由伯父和五叔耕种，家中还需依靠侨汇补贴家用。杨遂良 8 岁入乡间私塾读书，17 岁考入八桂中学。这时他阅读了《向导》《民国周刊》，还听过孙中山演讲三民主义。

1925 年 6 月 23 日，他参加广州人民举行的反帝示威大游行。沙基惨案发生后，他参加学生宣传队到曲江、英德等地对群众讲述沙基惨案发生的经过。同年加入中国国民党。1925 年冬，他父亲在加拿大病故。由于外汇断绝，杨遂良不得不中途退学。1926 年春他回到乡间当教员，被选为区党部和蚌湖乡区分部执行委员。

1927 年 5 月，他考入广东地方武装团队训练员养成所受训，为此后长期参加武装工作打下了基础。1928 年 4 月，他在养成所结业，被派回禺北组织地方警卫队，出任大队长。这支队伍接受伍观淇的领导。

1931 年九一八事变后，禺北地区也成立了禺北警卫队训练处，杨遂良被推为主任，开始做好抗日战争的准备。不久，他被调到县府担任基干队队长。1933 年 5 月该队扩充为训练大队，他任大队长。是年冬陈济棠到萝岗洞赏梅，在归途中经过禺东公路时，被当地的警卫队开枪射击，杨遂良因此而被撤职。

1934 年初，他被番禺县政府聘为顾问，不久调任县习艺所所长，专门收容贫苦无依的大众和部分犯有轻微罪行的犯人。这段时间，杨遂良跟民主人士陈汝棠和同学李一之常有会面，他从李一之处借阅《西北印象记》后，才知道红军长征的经过和中共的抗日主张，思想上逐渐有了转变。

1938 年 10 月，日军在惠阳大亚湾登陆，他调任第一游击区第四支队支队长。10 月 21 日广州失陷，近郊各军事仓库的管理人员纷纷逃跑。在伍观淇的亲自指挥下，第四支队发动群众到各仓库抢运大批粮食、被服和枪支弹药等军用物资。在"江高之役"中，杨遂良在伍观淇的直接指挥下，率领部队沉着应战，在给敌人一定的杀伤以后，向西撤退，集中到三水县鹿和洞整训。

以后，第二游击区改编为第七战区第四挺进纵队，伍观淇当纵队司令，杨遂良任司令部主任参谋。在抗战中，该纵队与敌人作战不下数百次，屡获战果。抗战胜利后，第七战区第四挺进纵队奉命就地解散，杨遂良没有了职务，为了家计，他与几个友人合股在广州开设胜利居饭店。这时他亲眼看到国民党的接收人员变成"劫收"人员，搜刮民脂民膏，又派出特务查书店，打学生，秘密拘捕进步青年，思想上抵触很大。与此同时他又涉猎了毛泽东的《新民主主义论》《论联合政府》等进步书籍，思想发生很大变化。

1947年春，他决定投奔革命，前往香港找到民主运动领导人李济深，商量如何利用旧属的关系在蒋管区搞策反工作。同年8月，他策动抗战期间的战友、番禺县警察第一大队大队长朱骥率部起义，号称"华南纵队自卫军"，杨遂良任司令，朱骥任参谋长。该起义部队后被编为中国人民解放军粤赣湘边纵队第三支队第二团独立大队，朱骥任大队长。1948年春，杨遂良回到增城、龙门地区策动当地部分自卫队起义，编入东江第三支队建制。1949年6月，他到东江解放区，在东江行政委员会工作。广州解放后，他先在市公安局工作，再调到国民大学任秘书长。高等院校调整后，他改任华南联合大学校长室秘书，不久调到民革广东省委员会任秘书长，直到1975年因病逝世。

朱骥

朱骥（1909—1949），原名朱扬善，又号学骥、伯涛，曲江县白土乡人。他在广州知用中学初中毕业后，于1925年5月考入广东地方武装团队训练员养成所。1928年，他在曲江县沙溪乡任联防队小队长，后到十九路军任排长。抗日战争期间，他先在汕头市警察局任督察，再到中山县守备总队任第一中队中队长。

1938 年，他转到第四路军粤北特务总队部任参谋兼第一大队大队长，因对国民党统治集团腐败不满，致遭撤职。朱骥潜离韶关，到禺北投入老师伍观淇麾下。伍观淇是当时第七战区第四挺进纵队司令，他任命朱骥为上尉参谋，后任直属一大队副大队长、大队长。1945 年 8 月，日军投降，第七战区第四挺进纵队于同年 11 月解散，他转到番禺县警察第一大队任大队长。朱骥当时对国民党营垒用人唯亲的现象甚为不满，萌发投向人民的念头。当时国民党革命委员会负责人李济深派杨遂良在旧军警中策反，杨遂良找到朱骥、吴滔等，鼓动他们脱离国民党队伍。

1947 年 8 月，朱骥率领番禺县警察第一大队第一中队约 80 人携带机枪 2 挺、步枪 60 多支，从禺东开拔到增城灵山洞，宣布起义，号称"华南纵队自卫军"，杨遂良任司令，朱骥任参谋长，先后袭击了九佛、北兴、花县芙蓉嶂、赤坭、白坭等地的粮仓和区乡公所。国民党当局立即动员花县、三水、四会、清远的地方武装 1000 多人沿途追赶截击，并悬赏 5000 元缉捕朱骥。1948 年 1 月，朱骥与中共江北地委常委陈李中见面。当时国民党军向游击区推行"分区扫荡、重点进攻"计划，战斗日益激烈，朱骥起义部队在游击区外围很难活动。这时，中共江北地委书记黄庄平根据中共中央香港分局指示，决定将朱骥起义部队编入江北部队。同年 3 月，由中共江北地委副书记陈李中代表江北支队主持改编，成立中国人民解放军粤赣湘边纵队第三支队第二团独立大队，朱骥任大队长，不久改任军事特派员。8 月，王镜、朱骥带领大队在李华仔手枪队配合下，包围了路溪乡政府，歼敌 30 多人，缴获步枪 30 支。同月，朱骥会同朱湘夜袭龙华，歼敌 60 多人，缴获长、短枪 65 支，拔除了反动据点。9 月 6 日，在一团政治处主任谢光领导下，采纳朱骥的智取计划，大队战士化装成农民、商人，奇袭据点平安圩，歼灭反动的自卫中队，俘敌 16 人，缴枪 17 支、子弹 1000 发。他们还打开当地的粮仓，将稻谷分给游击区群众并当即建起税站，成立农会，组织常备武装，扩大游击区。

是年秋冬之间，谢光带领朱骥大队在响水附近伏击国民党军队，朱骥被敌人击中左臂，但仍坚持不下火线，忍痛指挥战斗直至打垮敌人。朱骥大队编入江北部队后，朱骥的政治觉悟迅速提高，积极要求参加中国共产党。由于他斗争坚定，对党忠诚，立有战功，1948 年 10 月加入了中国共产党。入党后，他更加积极工作，被任命为广东人民解放军江北支队第五团副团长。为了迎接南下大军解放广州，同时牵制敌人对山区的"清剿"，1948 年冬，江北支队司令部决定成立东江第三支队直属先遣总队，调朱骥任总队长，崔楷权任政委，在增西和禺北等地发展农会，组织起民兵 4000 多人，装备有一批轻、重武器。朱骥亲自到九佛棠下、鸦湖、蚌湖、黄榜岭、鸦岗等村活动，把这一带地方武装约 500 人争取过来。经过几个月的工作，使增西和禺北广大地区连成一片。1949 年 7 月 20 日，东江第三支队直属先遣总队在九佛竹山乡迳下村开干部会议，突然被国民党军包围，朱骥等人在突围时不幸中弹牺牲。迳下村的村民为纪念朱骥等烈士，在他们牺牲的地方建了墓地和纪念碑。

刘公亮

刘公亮（1913—1974），乳名焱祺，原籍白云区龙归镇园下村（今园夏村），出身于华侨工人家庭。刘公亮还未出世其父亲便去加拿大谋生，母子长期相依为命。幼年在村私塾读书，聪慧好学。1927 年秋，考入八桂中学读书。他勤于阅读课外书刊，热爱文学，鲁迅、高尔基是他崇拜的偶像。

1930 年秋，刘公亮在八桂中学毕业后，到四会县小学任教。

在这里他结识了志同道合的青年陈友群（新中国成立后曾任青岛市市长），他们经常阅读进步的报刊书籍，讨论国家大事。1932年，他离开四会到广州市双十小学任教，在该校3年结识了不少思想进步的青年，其中有八桂中学的同学陈残云（当代著名作家）。

1936年，刘公亮加入中共的外围组织——中国青年同盟。从此对共产党有了较多的了解，对共产主义理想的追求更加热切。

1937年11月，刘公亮与陈友群结伴北上陕北。经八路军驻西安办事处介绍，刘公亮来到陕西保安西北战时青年训练班第四期高级队学习。结业后，组织留他在该班教务处任学习指导，参加编教材与口试新生的工作。

1938年5月，刘公亮被保送到延安中国人民抗日军事政治大学学习。同年6月，加入了中国共产党。他在中国人民抗日军事政治大学学习了5个月，由于表现积极，组织上决定让他提前毕业，分配到太行山八路军总司令部秘书处任秘书。刘光亮分管文书来往和统战工作，直接受朱德总司令、彭德怀副总司令、左权参谋长等首长的领导。

1940年8月，总部决定调派刘公亮随苏振华到鲁西军区工作。在鲁西，刘公亮任军区干部队政治指导员兼支部书记，他工作积极，出色完成任务，1941年被鲁西军区评为模范干部和学习模范。1942年，刘公亮任冀鲁豫统帅部政治协理员。1945年11月，调任独立团政治处副主任。1947年夏，调任冀鲁豫军区政治部办公室主任，曾立四等功一次。1948年秋，任冀鲁豫军区独立支队（相当旅）政委。解放战争中，这个支队奉命南下作战，被评为模范支队，刘公亮立三等功一次。1949年春，调任十七军一三一师一五一团政委。1949年4月，调任中国人民解放军总政治部秘书处副处长，在职9年零3个月。他分管机要文电工作，总政治部呈毛主席的重要文件大都经刘公亮之手，现已成为中央档案馆的重要文献。1955 年 8 月，刘公亮被授予上校军衔，并获三级独立自由勋章和二级解放勋章。1959 年 8 月，调解放军政治学院秘书处任处长。1959 年 11 月，调任国防部第五院办公室主任。不久，该院改为第七机械工业部，刘公亮仍任办公室主任，在任10 多年。1974 年 10 月 4 日，刘公亮在北京肿瘤医院病逝。

冯川流

冯川流（1914—1988），原名冯锡球，白云区竹料镇竹料村人。

1930 年以前，冯川流在农村上小学。因学习刻苦，成绩优良，其父母节衣缩食继续供他考入广州大中中学读书。1932 年秋，冯川流考入广州航海学校，1935 年毕业，曾任小学教员。由于对社会黑暗和国民党政府的"攘外必先安内"等反动政策不满，被认为是危险分子而被解聘。

1937 年七七事变后，日本轰炸广州。冯川流和本村的陈孝达、张家兴等筹办了平民学校，收教穷人子弟，同时宣传抗日救亡主张。1938 年初，冯川流听说陕北有真正抗日救国的军队——红军，经朋友介绍，与八路军广州办事处负责人云广英相识，并由其介绍于 1938 年 2 月北上，到达西安七贤庄八路军办事处。同年 5 月，又经该处任永福介绍到延安中国人民抗日军事政治大学学习。8 月，在中国人民抗日军事政治大学加入中国共产党。9 月毕业，分配在中国人民抗日军事政治大学一分校工作。12 月，一分校由何长工率领，自陕北庆阳东迁至山西长治与八路军总部会合，冯川流被任命为区队长。1939 年 11 月一分校东迁山东，冯川流任副队长、队长。1940 年 11 月，冯川流奉命调往冀南第五军分区政治部任干事、科长。1943 年 8 月底，冀南军分区召开县大队以上的干部会议，在枣强县遭日伪军"铁壁合围"，战斗中正、副司令壮烈牺牲，政委负重伤，随队机关干部大部分伤亡或被俘，冯川流也被日军击中左臂。但他挺身而出，组织1000多人成功突围。1946年底，冯川流调中央局党校学习。1948年8月学习结束，调二野十纵队政治部任干部科科长。1947年12月，二野十纵队挺进大别山与刘邓大军会合。随后冯川流奉命兼桐柏分区武工队政委，发动群众打土豪，搞土地改革，出色地完成了任务。1948年，冯川流调任遂平县指挥部政委。1949年初，调任一七四师五二〇团副政委兼几县结合部工委书记，组织部队发动群众开展剿匪反霸。冯川流与同志们一起摸清匪情，制订周密计划，终于肃清了土匪。

1950年4月，冯川流调广东军区税警团任政委。1953年参加抗美援朝，任防空军某团政委。1955—1958年，任空军驻汕头防空兵某师副政委。

1958年冬，冯川流服从组织调动，到最艰苦的戈壁滩（甘肃酒泉）任国防科工委训练基地三部党委书记兼副政委（无政委编制），参加组建基地的工作。在3年经济困难时期，他率领部队克服种种困难，为我国地对空导弹试验基地的建设做出了贡献。冯川流由于长年积劳成疾，心脏病频频发作，于1965年3月离职休养，1988年2月27日病逝于北京。

朱治平

朱治平（1916—1989），原名朱福全，白云区蚌湖镇建南村朱屋人，其父是加拿大华侨。朱治平自幼在本乡读书，1935年到广州读高中、大学。1938年日军南侵，广州沦陷，朱治平逃难至香港继续完成大学学业。毕业后朱治平在香岛中学任教，后任总务处训育主任。

在大学期间，朱治平参加了中共地下党领导的救亡团体——红红歌咏团（后更名虹虹歌咏团）。该团以歌咏为纽带，团结了一大批香港进步青年，并曾为新四军、八路军做筹款演出。朱治平先后任该团的副团长、团长，并于 1941 年 6 月加入中国共产党。同年 12 月，太平洋战争爆发，日军占领了香港。

朱治平依照地下党组织的决定，与大学同学及虹虹歌咏团团友吴直昭等人，疏散到汕头、揭阳等地待命。后辗转来到广西桂林，在广西审计处当办事员。一年后，他和一些骨干自动地把团友组织起来学习马列主义革命理论，生活上也互相帮助。并把一些进步书刊寄给在桂林以外的虹虹歌咏团团友，为此引起了国民党政府的注意。1944 年 3 月，朱治平等 11 位进步青年先后被捕入狱。桂林沦陷前夕，国民党仓皇撤退，他们才获释出狱。出狱后，朱治平和两个难友一起撤至柳州贵阳，当时，同行的陈残云接受党的派遣，要返回广西与李济深取得联系。于是他们 10 多人又徒步到达粤桂边境大坡山，参加李济深部的抗日活动。朱治平在李济深的警卫总队政工队任副队长、队长，直至抗战胜利。

1945 年，朱治平返香港，与地下党组织取得联系，出任香岛中学校董，并与黄海平一起主办由蚌湖华侨集资开办的裕侨出入口公司，朱治平任经理。1949 年 8 月，为适应新中国成立后金融工作的需要，朱治平接受党交给的任务，参加了筹建香港南洋商业银行工作，并任襄理兼营业部主任。1950 年被派往澳门筹建南通银行（现更名为中国银行澳门分行），任首任经理。当香港中国银行等 13 家银行起义后，组织上把朱治平调回香港任交通银行副经理。1954 年调中国人民银行总行，历任人民银行国外局副处长，中国银行营业部副经理、人民银行工业局副处长、金融研究所所长、金融历史研究室主任等职。1982 年朱治平离休，享受副司级待遇。1989 年 6 月他因身患胃癌，医治无效去世。其家属依照遗嘱，将其骨灰撒在广州白云山中。

黄海平

黄海平（1917—1981），原名黄培刚，白云区蚌湖镇清河村草地庄人。黄海平出生于一个华侨家庭，自幼在本乡读书，后考入广州培英中学。1937年考入广州大学。在这期间，他阅读过一些进步书籍，对共产主义理论有了初步认识。1938年日军南侵广州，他逃难至香港靠父亲侨汇接济，在香港中国新闻学院读书。1940年底，黄海平加入中国新闻学院的中国青年记者学会，并于1941年3月参加了中国共产党。

黄海平在香港地下党组织的领导下，与卢动、朱治平3人组成青运工作支部，卢任书记，朱任组织委员，黄任宣传委员。通过读书会，团结广大进步青年，积极参加各种救亡活动。1941年12月，在地下党组织的安排下，黄海平带领读书会同学及其他青工等近50人，历尽艰险抵达广东省抗日游击区。他先后在东江纵队、珠江纵队任短枪队长、指导员、中队长，率领战士在恶劣复杂的环境中英勇地开展抗日斗争。

1945年抗战胜利，黄海平回到香港。同年10月，他出任东泰公司经理，从事教育、工商和华侨界的统战工作。后来黄海平与朱治平一起主理华侨集资开办的裕侨进出口公司，朱任经理，黄任副经理。这期间，他瞒着家人，把老父勤劳节俭积蓄多年寄回来给他做生意的5万元港币用来支持革命活动。

1949年5月，国内解放战争节节胜利，组织上决定让黄海平迅速回游击区参加解放广州的战斗。他瞒着老父说到天津去做生意，就和几个战友一起奔赴艰苦的东江游击区。同年10月广州解放后，他调到广东省支前司令部任征粮工作队队长。1950年2月以后，他先后任省商业厅业务处副处长，华南出口公司经理，广东省猪鬃公司经理，华南对外贸易局服务公司经理，广州海关副处长，广东省外贸局食品出口公司经理，广东省粮食厅处长、副厅长等职。1981 年 4 月，黄海平陪同国家粮食部部长到海南、湛江等地检查粮食工作归来后，在一次会议上慷慨陈词情绪激动而昏倒，终因心肌梗死，抢救无效而与世长辞。

陈光照

陈光照（1924—1949），又名陈志仁，白云区太和镇大沥人。陈光照出生于一个小土地经营者的家庭，少年时曾在八桂中学和广州大学附中读书。

1945 年，周伯尧（中共地下党员）介绍陈光照到清远县琶江四九大树脚村小学教书。任教期间，他经常阅读进步书籍。同年 5 月、6 月间，陈光照被接收为中共党员。7 月，国民党滔江区区长植镜棠借口发现毛泽东《论联合政府》油印本是郭若芝老师的笔迹，便纠集军警武装数百人突然袭击琶江地下活动中心四九小学，地下党员被迫上山隐蔽，并举行武装起义。陈光照参加了起义，在斗争中表现英勇果断。后来陈光照与周伯尧接受组织安排，回原籍地隐蔽进行秘密活动。1946 年初，陈光照经原琶江地下党员莫大光的介绍，到香港黄大仙狮山经营一个生草药场，并以此作为掩护，专门接待内地来港的同志。1947 年 9 月初，陈光照接受护送中共北江地委常委陈李中返回增城的任务。同月，党组织又安排陈光照重返琶江地区活动，任清（远）佛（岗）人民义勇大队的中队长。1948 年春，大队扩展到 800 多人，建立了 7 个中队，改编为中国人民解放军北江支队第四团，陈光照任飞虎队中队长。8 月，陈光照离开原部，参加了黄积年中队。10 月，陈光照调回北江支队学习，后分配到三团。为开拓和发展广州市郊区的武装斗争，陈光照被安排回家乡大沥村活动。

1949 年 4 月、5 月间，东纵第三支队直属先遣总队成立后，陈光照为了支持革命，把自己家里的 10 多亩（0.6 公顷）田地卖了，用作革命经费，还把家里购置的枪支献给部队，并发动了家乡 20 多人参加革命工作，在附近村镇散发传单。根据增西地下负责人许明的指示，在大沥村建立交通站，陈光照又动员其妻周婵负责交通站的工作。

1949 年 7 月 21 日，陈光照到九佛竹山乡迳下村参加东江第三支队直属先遣总队领导骨干会议，凌晨 5 时突然遭到国民党一五四师四六〇团一个营的偷袭，在突围时陈光照为掩护其他同志后撤，把敌人引向自己方向。他一手拿枪还击，一手拉响俄式手榴弹，炸倒了冲上来的敌人，年仅 24 岁的陈光照也壮烈牺牲。

杨湛卢

杨湛卢（1927—1948），原名杨湛清，白云区蚌湖镇新联村杨家里人。杨湛卢出生于华侨家庭，其父杨锡球早年去加拿大谋生。他自幼在家乡读书。1944 年，17 岁的杨湛卢出于杀敌救国的热情，终止学业，投笔从戎，走进了国民党青年军的游击队兵营。抗日战争胜利，他脱离青年军，回到广州就读于禺山中学。

1947 年初，杨湛卢在一位进步老师的引荐和帮助下，离开广州到香港，考入达德学院就读。达德学院是当时中共和民主党派共同创办的一所大学，杨湛卢在此期间认真学习了马克思主义哲学和政治经济学的基本理论知识，课余又积极参加政治学习小组活动，逐步确立革命的人生观。1947 年达德学院开始建立新民主主义青年团，是年冬他便加入了团组织。1947 年夏，中国人民解放军转入战略反攻，广东农村的武装斗争迅速发展，急需政治和文化工作方面的骨干。杨湛卢毫不犹豫地向组织提出了参加人民解放事业的申请。

1948 年 2 月，杨湛卢获准去东江游击队。离开学院的前夕，他拿出三封写给父母和姐妹的家信，嘱托同学在他离开后帮他寄出。内容是说他将要去一个遥远的地方，不能常给家人写信，请亲人不要挂念。1948 年初，正当国民党军开始向游击区疯狂"清剿"的时候，杨湛卢到了博罗县境的一支游击队，当时物质生活非常艰苦，但他始终保持着革命的乐观情绪，教游击队战士识字唱歌，为大家讲革命故事，成了游击队里的核心人物。不久杨湛卢被任命为中队长。1948 年春夏间，敌人用"填空格"战术进逼游击区。游击队决定对一些已建立反动武装的村庄进行惩戒，打掉敌人的嚣张气焰。同年 5 月 16 日傍晚，在包围矮围的战斗中，杨湛卢不幸中弹，牺牲时年方 21 岁，他的英名载入《广东省革命烈士英名录》。

刘润

刘润（1918—2007），石井亭岗村（今广州市白云区石门街红星村）人。1930 年参加革命。1948 年从韶关回石井东开设刘杨记米店作为掩护，从事地下党组织工作，发展党员。1950 年于禺北区江村公安股任股长，1951 年调任市桥派出所所长。1956—1957 年任佛山边防部部长、高明县法院院长。1987 年在番禺县房管局工作。2007 年因病逝世。

刘卢安

刘卢安（1927—?），石井亭岗村（今广州市白云区石门街红星村）人。1948 年 7 月参加革命。1949 年接管番禺，开展地下游击。新中国成立后历任番禺县公安局局长、检察院检察长、法院院长、政法委书记。1963 年调任博罗县政法委书记兼任法院院长。1979 年调任暨南大学保卫处处长。1990 年离休。

周国瑾

周国瑾（1921—？），祖籍南村，加拿大侨眷。1938 年，他从大南村出发，北上延安参加抗日。1940 年，他考上鲁迅文学艺术学院音乐系学习。周国瑾的主要作品有多幕秧歌《丑家川》，1944 年获陇东分区创作奖，还有多幕话剧《包围牛家堡》、独幕话剧《有理想的人》等；音乐论文有《音乐艺术为工农兵服务的方向》等 50 多篇；有诗、词、歌曲 60 多首，1992 年获广东省鲁迅文艺奖。他的主要生平事迹已被收入《中国当代艺术界名人录》。

曾任华北第二文工团副团长、广东省人民广播电台副台长、省政协委员、中国人民友好协会广东分会理事、中国文学艺术界联合会委员、中国音乐协会广东分会主席、中国作协广东分会第一届副主席等。

杨爱兰

杨爱兰（1913—2013），广东香山县人（今中山市南朗镇翠亨村人），是 100 位为新中国成立做出突出贡献的英雄模范之一、革命烈士杨殷的女儿，是广东省年龄最高的入党者。

杨爱兰的童年在家乡度过，直到 9 岁时母亲患病去世，才随父亲到广州荔枝湾居住。受父亲革命精神的熏陶，杨爱兰从小就积极投身革命，做过交通员，为革命传递情报。父亲牺牲后，谨遵父训的她日子过得很平凡，甚至很坎坷。其夫病故后，她靠在广州的一家民营小厂做雨衣、贴胶条等来养育 8 个子女，生活过得艰苦。从未叫苦叫累的她不是以烈士后代为由要求组织照顾，而是在年逾花甲之时仍只身到香港打工，在一家针织厂一干就是 18 年。

　　1992 年，79 岁的杨爱兰回到广州，用省吃俭用的钱在白云区棠景街购买了一套一室一厅的房子。有关部门见房子过于简陋，地理位置又不好，想为她置换一套好一点的房子，但被她拒绝了。相反，2006 年，她把占地几百平方米的祖屋杨殷故居和位于翠亨村的其他房产一并捐赠给中山市政府，建立起广东省党员教育基地。她在捐赠仪式上说："我希望后人能通过在这里了解今天的美好生活来之不易……"

　　早些年由于种种原因，杨爱兰始终未能如愿入党。经历了近一个世纪的沧桑之后，杨爱兰老人最大的心愿就是加入中国共产党。她始终认为，追随父亲的思想，继承父亲的遗志，将爱党爱国的精神延续下去就是对父亲最大的尊敬和最好的怀念。2007 年6 月，94 岁的杨爱兰终于实现了跨世纪梦想，在鲜红的党旗下，她虔诚地举起右手，庄严宣誓加入中国共产党。杨爱兰说，入党是她一生中最大、最快乐的事。

　　定居白云区棠景街后，杨爱兰应邀担任街关工委委员，兼任明日之星小学校外辅导员、棠景社区社会治安信息员红领巾大队辅导员，以实际行动关心青少年成长。她还积极参加合益社区党支部会议，为社区建设出谋划策。

附录四 革命烈士

郑行果，钟落潭马沥村人，1891 年生。1918 年参加革命，1922 年被杀害，是黄花岗五烈士之一。

梁松熙，石井横滘村人，1901 年生，工会纠察队员。1925 年 6 月 23 日参加声援五卅惨案示威游行，在沙面东桥遭帝国主义开枪扫射身负重伤，光荣牺牲。

郭圈，石井横滘村人，1881 年生，横滘村农会文书。1925 年参加革命，1927 年 4 月 17 日反动派围攻横滘村时壮烈牺牲。

冯牛，石井聚龙村人，1882 年生，石井农军队员。1925 年参加革命，1927 年 12 月 12 日参加广州起义，回到瓦渣岗时被瑶台反动民团杀害。

郭文，籍贯石井。1925 年 3 月 14 日参加农会，1927 年 12 月 12 日随农军参加广州起义，在吉祥路战斗中英勇牺牲。

罗社本，曾用名罗本，竹料罗村人，1886 年生，广州酒业工联会工会理事。1925 年参加革命，1927 年参加广州起义被捕，被敌人杀害于红花岗。

何苏，广州郊区芳村人，1908 年生，西漖农民工会会员。1926 年参加革命，1927 年在广州牺牲。

陈仇，籍贯南海官田，1894 年生，党员，货车司机。1924 年参加革命，1928 年 1 月 28 日到盐步圩联系工作，不幸为工贼发觉而被捕遇害。

杨励盘，同德上埗村人，1890 年生，上步乡农会文书。1925年参加农会，1928 年 3 月在花地黎阮仙果园开会被捕，在广州东校场英勇就义。

郭锐，同德鹅掌坦村人，1906 年生，鹅掌坦村农会主席。1926 年参加革命，1928 年 2 月 14 日在芳村黎阮仙果园开会被捕，同年 3 月被反动派杀害于广州东校场。

黄秋垣，同德横滘村人，1881 年生，同德横滘农会主席。1925 年参加农会，1928 年农历八月二十一日在广州被反动派杀害。

郭铭，广州市郊芳村人，1896 年生，商报排字工人。1927 年参加广州起义，1928 年农历正月十九日在广州红花岗被杀害。

陈钖，芳村葵蓬村人，1876 年生，自卫队员。1925 年参加农会，1928 年被国民党反动派军队枪杀于南海县滘口桥。

吴应洪，鹤洞东塱村人，1896 年生，农会委员长、农军队长。1925 年参加大革命，1928 年因坏人出卖被捕，同年 2 月 15 日在顺德容奇英勇就义。

郭珠，鹤洞西塱村人，1899 年生，党员，农会委员、农军战士。1925 年 4 月参加农会，1928 年 12 月 11 日因叛徒出卖在东校场被国民党杀害。

梁耀，鹤洞西塱村人，1903 年生，党员，农军战士。1925 年 4 月参加农会，1928 年 12 月 11 日因叛徒出卖在东校场被国民党杀害。

梁添，鹤洞西塱村人，1892 年生，党员，农军战士。1925 年 4 月 14 日参加农会，1928 年 12 月 11 日被叛徒出卖在东校场被反动派杀害。

林成佑，石井槎龙村人，1900 年生，石井农民自卫队队长。1925 年参加革命，1928 年 2 月 14 日在芳村开会被捕，次日于东较场被敌人杀害。

陈復,曾用名陈志復,广州新滘人,1907 年生,党员。1925 年赴苏学习,1930 年秋任广州市委宣传部部长,1932 年 8 月 10 日在广州仓边路被敌人逮捕,押至惩戒坊杀害。

刘桂添,曾用名刘勇双,籍贯广州郊区竹料,1919 年生,党员。1938 年 5 月参加革命,1939 年 3 月调到新四军后失去联系。

梁伯婶,三元里棠溪人,1914 年生,苏鲁支部一营三连政治指导员。1937 年参加革命,1940 年 1 月在山东贵县崇村东岭村战斗中牺牲。

李一元,三元里人,1904 年生,党员。1936 年参加革命,1940 年冬因做统战工作而被敌人杀害。

苏活民,三元里人,1903 年生,党员。1927 年参加革命,1941 年农历七月四日在海南区崖县城被日寇杀害。

谢炳南,黄陂果园场大湘村人,1921 年生,抗日游击队员。1940 年 7 月参加革命,1943 年 7 月 14 日在联和市被敌围捕后杀害。

卫耀富,曾用名卫富,新滘沥滘村人,1921 年生,广东游击队第二支队队员。1943 年参加革命,1944 年 7 月 26 日在番禺植地庄与日伪军战斗中牺牲。

卫国尧,新滘沥滘村人,1913 年生,党员,广游二支队番禺大队大队长。1938 年参加广游二支队番禺大队,1944 年 7 月 26 日在番禺植地庄与日伪军战斗中牺牲。

卫牛,新滘沥滘村人,1915 年生。1944 年初参加广游二支队,同年 7 月在夜袭市桥的战斗中牺牲。

张莹,新滘沥滘村人,1926 年生,广游二支队交通员。1944 年春参加广游二支队,1944 年 7 月 26 日在番禺植地庄与日伪军战斗中牺牲。

卫泰询，新滘沥滘村人，1930 年生，广游二支队游击队交通员。1943 年参加广游二支队，1944 年 7 月 26 日在番禺植地庄与日伪军战斗中牺牲。

简显成，新滘小洲村人，1924 年生，广游二支队游击队队员。1943 年参加广游二支队，1944 年 7 月 26 日在番禺植地庄与日伪军战斗中牺牲。

卫文，曾用名卫文女，新滘沥滘村人，1925 年生，游击队卫生员。1943 年 11 月参加革命，1944 年 7 月 26 日在番禺植地庄与日伪军战斗中牺牲。

冯润三，曾用名冯雪，新滘沥滘村人，1926 年生，广游二支队队员。1944 年参加革命，1944 年 7 月 26 日在番禺植地庄与日伪军战斗中牺牲。

陈细佬，新滘沥滘村人，1920 年生，广游二支队游击队队员。1943 年参加革命，1944 年 7 月 26 日在番禺植地庄与日伪军战斗中牺牲。

朱佳，广州冼村人。1942 年在南海县第一农团军团长吴勤部队工作，转到东江纵队二支队任中队长，在中山县作战阵亡。

管其琳，太和穗村人，1921 年生，党员，罗布洞红色政权乡文书。1945 年 1 月 1 日被 20 多名国民党别动队员包围，在反抗中牺牲。

谢聪，籍贯江西省，1889 年生，珠江纵队番禺县大队第二中队中队长。1930 年参加革命，1945 年 4 月 2 日在平洲执行任务被捕后牺牲。

温乙田，太和穗丰村人，1907 年生，东江纵队副支队长。1939 年参加东江纵队，1946 年在增城县荔枝山被土匪杀害。

戴金松，人和高增村人，1927 年生，东江纵队先遣总队小队长。1946 年参加东江纵队，1947 年 10 月在增城正果出头前沙滩检查敌船，与敌人战斗中牺牲。

谭引内，江村唐阁村人，1916 年生，炊事员。1947 年 8 月参加革命，同年 12 月在南雄白兴帽子峰游击区被杀害。

杨湛清，人和蚌湖村人，1927 年生，团员，粤赣湘边纵队第三支队支队长。1947 年参加粤赣湘边纵队第三支队，1948 年 5 月 16 日在罗矮围攻缴地主枪支战斗中牺牲。

梁荣，人和圩人，1926 年生，连江支队三团警卫员。1947 年参加游击队，1949 年在清远剿匪时牺牲。

周珠仔，太和大沥村人，1931 年生。1948 年参加东江纵队第三支队，1949 年 6 月 28 日在九佛冯迳下被反动派逮捕后杀害。

陈刚烈，曾用名陈光照，太和大沥村人，1924 年生，党员，东江纵队第三支队四团中队长。1945 年参加东江纵队第三支队，1949 年 7 月在九佛被国民党军队包围，在突围中牺牲。

陈镜波，竹料中和村人，1934 年生，交通员、少年游击队员。1948 年参加革命，1949 年 8 月在三元里被国民党逮捕后杀害于流花桥。

温进财，籍贯广州市郊区罗布洞，太和和龙村人，1933 年生，自卫队员。1949 年参加革命，同年 12 月在增城县中新公社福洞大队被土匪杀害。

温记种，曾用名温记科，广州市郊罗岗人，1912 年生，粤赣湘边纵队番禺独立团战士。1949 年 10 月参加革命，同年 12 月在一艘机帆船护航中，机房爆炸牺牲。

谢汝金，太和谢家庄人，1930 年生，禺北秋征建政工作队队员。1949 年 12 月参加革命，1950 年 1 月在良田征粮时被土匪杀害。

沈容珍，人和方石村人，1930 年生。1949 年参加革命，1950 年 2 月 12 日在良田乡被土匪杀害。

沈秀华，人和岗尾村人，1933 年生，禺北秋征建政工作队队员。1949 年参加革命，1950 年 12 月在良田乡被土匪捕去杀害于人和桥。

曹沛林，人和鹤亭人，1933 年生。1949 年底参加革命，1950 年 2 月 12 日在良田乡被土匪杀害。

罗根珠，曾用名罗猪仔，竹料罗村人，1927 年生，农会会长。1949 年参加革命，1950 年 2 月被土匪杀害于罗村树园。

曹湛湘，人和方石村人，1925 年生，人和鸦湖自卫队队员。1950 年参加革命，1956 年 3 月在人和桥救火时被土匪伏击中弹牺牲。

邓荔稜，沙河银河村人，1929 年生，团员。1949 年 11 月参加革命，1950 年 4 月 15 日在放哨时被另一位哨兵误击重伤殉职。

黎汉，原姓苏，鹤洞花地人，1912 年生，芳村纠察队队员。1949 年参加革命，1950 年 4 月在芳村大矛盾街被敌人杀害。

罗钜然，广州郊区人和人，1926 年 12 月生，志愿军排长。1949 年 11 月参加革命，1950 年在朝鲜一次战役中牺牲。

曹健辉，人和鸦湖村人，1925 年生，中国志愿军副班长。1947 年入伍，1951 年在朝鲜原北一次战斗中牺牲。

刘汉文，罗岗刘村人，1927 年生，志愿军排长。1948 年参加革命，1951 年 1 月在朝鲜战坊作战中牺牲。

江辉，人和鸦湖村人，1927 年生，志愿军战士。1951 年入伍，同年 3 月在朝鲜开丰道战斗中牺牲。

邓桂海，神山雅瑶村人，1927 年生，志愿军 12 军 35 师汽车司机。1951 年参加革命，同年 5 月在执行任务时牺牲。

梁梓祥，人和西盛人，1923 年生，志愿军副排长。1949 年 4 月入伍，1951 年 8 月 26 日在朝鲜战坊作战中牺牲。

黄钊，神山人，1924 年生，志愿军机枪手。1949 年 5 月参加革命，1952 年在朝鲜战场上追歼敌人的战斗中牺牲。

李耀勋，曾用名李耀芬，广州黄陂人，1928 年生，黄陂民兵排长。1948 年参加革命，1952 年农历正月初六因带解放军到穗丰剿匪时不幸牺牲。

林细昌，石井龙湖村人，1930 年生，志愿军战士。1951 年入伍，1952 年在朝鲜抗美援朝战争中失踪。

曹焯然，人和秀水村人，1934 年生，团员。1950 年 12 月参加革命，1952 年 2 月 6 日在朝鲜津桥战斗中因毒气弹中毒牺牲。

苏广照，蚌湖清河村人，1930 年生，3808 部队班长。1950 年参加革命，1952 年在前山关闸保卫国旗战斗中牺牲。

李炳南，太和大沥村人，1922 年生，志愿军 195 师战士。1950 年入伍，1952 年 5 月 18 日在朝鲜作战中牺牲。

叶振江，江高叶边村人，1925 年生，志愿军班长。1948 年参加革命，1952 年 6 月 18 日在朝鲜三八线一次战役中牺牲。

邹木容，沙河柯木塱村人，1932 年生，志愿军排长。1950 年参加革命，1952 年 9 月在朝鲜开城战役中牺牲。

黄威，曾用名黄溢航，蚌湖西湖村人，1930 年生，团员，空军部队射击长。1951 年参加革命，1952 年 9 月在军事训练中失事牺牲。

邝细思，广州市郊江村人，1929 年生，志愿军 65 军 195 师 584 团 3 营战士。1951 年参加革命，1952 年 9 月在抗美援朝战争中与家人失去联系。

周志全，石井西郊村人，1933 年生，团员，志愿军战士。1949 年 10 月参加革命，1952 年 10 月在朝鲜上甘岭战斗中牺牲。

黄绍华，曾用名黄锡华，蚌湖镇湖村人，1924 年生，志愿军班长。1948 年 9 月参加革命，1952 年 10 月在朝鲜金化县阻击战中牺牲。

刘光，竹料人，1932 年生，志愿军 65 军 195 师 583 团 3 营 9

连砲排志愿军战士。1950 年 12 月入伍，1952 年 10 月在抗美援朝中失踪。

曹广，曾用名曹广才，人和大巷村人，1917 年生，志愿军战士。1950 年入伍，1953 年 3 月 25 日在朝鲜板门店战斗中牺牲。

温月新，曾用名温月星，江高高塘圩人，1917 年生。1948 年参加革命，1953 年 3 月 9 日在抗美援朝战争中牺牲。

朱炳球，石井横沙村人，1932 年生，志愿军 31 师 92 团 1 营 1 连战士。1948 年参加革命，1953 年 7 月 2 日在抗美援朝战争中牺牲。

林庚润，太和大沥村人，1921 年生，志愿军战士。1950 年入伍，1952 年在朝鲜战场与家人失去联系。

将炳辉，曾用名江炳汝，神山朗头村人，1923 年生，团员，志愿军战士。1948 年 3 月入伍，1952 年 10 月在朝鲜上甘岭战斗中牺牲。

简德棉，广州新塘果园场人，1958 年生，团员，53514 部队 84 分队战士。1979 年 1 月参加革命，同年 2 月 19 日在对越自卫反击战高平战斗中牺牲。

徐建雄，广州畜牧场红星大队人，1957 年生，团员，53044 部队 83 分队战士，荣立三等功。1977 年 1 月参加革命，1979 年 2 月 20 日在对越自卫反击战中牺牲。

林水胜，太和大沥村人，1949 年生，党员，54207 部队副连长，荣立三等功。1969 年 4 月入伍，1979 年 2 月在对越自卫反击战中牺牲。

［以上资料来自中共广州市郊区委党史办公室《广州市郊区革命烈士英名录》（1983 年 7 月），本节仅收录与文中记载斗争相关烈士］

附录五 文献资料

1. 《白云区志（1840—1995）》，广州市白云区地方志编纂委员会，广东人民出版社 2001 年 10 月出版。

2. 《白云区志（1996—2000）》，广州市白云区地方志编纂委员会，广东人民出版社 2012 年 9 月出版。

3. 《白云年鉴 2016》，《白云年鉴》编纂委员会，广东人民出版社 2017 年 1 月出版。

4. 《白云年鉴 2017》，《白云年鉴》编纂委员会，广东人民出版社 2018 年 1 月出版。

5. 《广州市白云区军事志（1840—2005）》，广州市白云区军事志编纂委员会，内部资料。

6. 《广州市白云区前志》，广州市白云区地方志编纂委员会，内部资料。

7. 《中国共产党广州市白云（郊）区组织史资料》，中共广州市白云区委组织部、中共广州市白云区委党史研究室、广州市白云区档案馆，内部资料。

8. 《中国共产党广州市白云区组织史资料》（第二卷），中共广州市白云区委组织部、中共广州市白云区委党史研究室、广州市白云区档案馆，内部资料。

9. 《中国共产党广州市白云区组织史资料》（第三卷），中共广州市白云区委组织部、中共广州市白云区委党史研究室、广州市白云区档案馆，内部资料。

10.《中国共产党广州市白云区 78 年纪事（1923—2001）》，中共广州市白云区委党史研究室，内部资料。

11.《中国共产党广州市白云区（郊区）历史》（第二卷），中共广州市白云区委组织部、中共广州市白云区委党校、中共广州市白云区委党史研究室，中共党史出版社 2011 年 6 月出版。

12.《白云区改革开放 20 年大事记》，中共广州市白云区委党史研究室，内部资料。

13.《广州市白云区太和镇志》，广州市白云区太和镇人民政府，内部资料。

14.《白云区国民经济和社会发展第十二个五年规划纲要》

15.《白云区国民经济和社会发展第十三个五年规划纲要》

16. 何沛侃，《帽峰山风云》，内部资料。

17.《解放战争时期禺东禺北革命斗争史实》，中共番禺市党史研究室，内部资料。

18.《广州抗战纪实——广州文史第四十八辑》，广州市政协学习和文史资料委员会，广东人民出版社 1995 年出版。

19.《天地存肝胆——广州文史第五十六辑》，广州市政协学习和文史资料委员会，广东人民出版社 1999 年 11 月出版。

20.《广州英烈传》，中共广州市委党史研究室、广州市民政局，广东人民出版社 1991 年 5 月出版。

21.《曲折的道路　光辉的篇章——中共广州市组织发展史资料专辑》，中共广州市组织史资料编纂领导小组办公室，内部资料。

22.《红棉花照英雄城——羊城红色诗词选读》，中共广州市委党史研究室，广州出版社 2018 年 4 月出版。

23.《中国共产党广东地方史》（第一卷），中共广东省委党史研究室，广东人民出版社 1999 年 8 月出版。

24.《广东革命史迹选编》，广东省老区建设促进会、中共广东省委党史研究室，世界图书出版公司 2013 年 6 月出版。

25.《中共广东党史大事记（新民主主义革命时期)》，中共广东省委党史研究室，内部资料。

26.《中国革命老区》，中国老区建设促进会，中共党史出版社 1997 年 6 月出版。

三元里

张维屏

三元里前声若雷，千众万众同时来。

因义生愤愤生勇，乡民合力强徒摧。

家室田庐须保卫，不待鼓声群作气。

妇女齐心亦健儿，犁锄在手皆兵器。

乡分远近旗斑斓，什队百队沿溪山。

众夷相视忽变色，黑旗死仗难生还。①

夷兵所恃惟枪炮，人心合处天心到。

晴空骤雨忽倾盆，凶夷无所施其暴。

岂特火器无所施，夷足不惯行滑泥，

下者田塍②苦蹯躅，高者冈阜愁颠挤。

中有夷酋貌尤丑，象皮作甲裹身厚。

---

① 《番禺县志》卷五十三载作者自注："夷打死仗则用黑旗，适有执神庙七星旗者，夷惊曰：'打死仗者至矣！'"

② 田塍：田埂。

一戈已椿长狄喉①，十日犹悬郅支首②。

纷然欲遁无双翅，歼厥渠魁③真易事。

不解何由巨网开，枯鱼竟得悠然逝。

魏绛和戎④且解忧，风人慷慨赋同仇。

如何全盛金瓯日，却类金缯岁币谋。

壬戌⑤六月禁锢中闻变⑥

有感（其一）

廖仲恺

珠江日夕起风雷，已倒狂澜孰挽回？

徵羽不调弦亦怨，死生能一我何哀！

鼠肝虫臂⑦唯天命，马勃牛溲⑧称异才。

---

① 《左传》载，古代北方长狄部落的首领侨如被鲁国将领以戈椿喉而死。

② 《汉书》载，汉元帝建昭三年（公元前 36 年），汉将陈汤攻破康居后，割下受伤而死的匈奴首领郅支单于的头，将其悬挂十日，然后埋之。

③ 《尚书·胤征》载："歼厥渠魁，胁从罔治。"此处指歼灭英国侵略者的首领。

④ 《左传·襄公四年》载，春秋晋悼公时，山戎无终子通过魏绛向晋求和。魏绛力主和戎，晋悼公采纳其主张，并命他与诸戎订盟。此处喻指奕山向英军妥协求和。

⑤ 指 1922 年。

⑥ 此处指陈炯明部叛变。

⑦ 《庄子·大宗师》载："以汝为鼠肝乎？以汝为虫臂乎？"谓人体虽大，最终也不免化为细小的鼠肝虫臂。喻指生命的无常和不可掌握。

⑧ 微贱之物。马勃：马勃菌。牛溲：车前草。

物论未应衡大小，栋梁终为蠹蟓①摧。

归家

陈残云

八年投身在烽烟里
心情热得像火花
记忆却是冷冷的
记不起家乡
还有未死的人
今朝归来
仿佛又找不到归家路
那荒落的村舍
那蓬乱的草丘
当年不就是
开过好香的大红花么

有人说，八年呀
多少爱红花的姑娘
都委屈而死了
在敌人和奸细的
侮辱和伤害里
但今日
那些偏心肠的
善忘而自私的胜利者
却忘掉了从前事

---

① 蠹蟓：喻指祸国害民的坏人。

除了举杯自炫
夸说自己的功绩与气焰

死难者，牺牲者
那鲜血，那尸骨
就像为了
染亮别人的勋章
我自己啊
还能自慰和希望的是
带一身未断的瘦骨
回到荒芜的家乡

1924 年

白云区历史上第一个党组织石井兵工厂党支部成立。

1927 年

4 月 11 日，市郊第四区农会成立，领导粤溪、横滘、田心、槎头、聚龙等 14 个乡农会。

12 月 11 日凌晨，广州起义爆发。石井聚龙村农军直奔广州，在象岗与军警发生激战后，参加了攻打省长公署、市公安局和观音山的战斗。

12 月 14 日，广州起义失败后，叶镛、王侃予、徐向前等率领撤出广州的起义队伍 1200 余人，经沙河到太和圩集结，在联升社学开会，决定组建中国工农红军第四师。

1928 年

2 月 15 日，共产党员、石井农民自卫队队长林成佑在广州东校场英勇就义，时年 28 岁。

1931 年

9 月 24 日，广州中等以上学校 3 万余人举行抗日示威游行，并向政府请愿要求对日宣战。

1937 年

7 月 7 日,卢沟桥事变爆发。

7 月,侵华日军飞机狂炸国民党军队的通信设施。在钟落潭黎家塘一带投下炸弹多枚,毁坏稻田 10 多亩(0.6 公顷)。

是年,据《广州救亡时报》统计,日军空袭广州 1425 架次,造成 327 人死亡。

1938 年

1 月 1 日,广东青年抗日先锋队在广州成立。

6 月 5 日,日机轰炸禺北军田、江村。江村普惠医院被炸毁。江村师范被投弹 32 枚,伤校警 1 人,死 1 人,并炸沉小艇 1 艘,死 3 人。

10 月 21 日,广州沦陷。日军松田部进驻蚌湖、社边及进和圩,设置骑兵大本营,随即将进和圩夷为废墟,到处烧杀、强奸、掠抢。

10 月 23 日,日本侵略军进犯禺北江村、人和。在伍观淇领导下,组织禺北民众抗日自卫队和各乡自卫队以及花县、清远自卫队共计 1000 余人抗击日军。在鸦岗、江村、高塘等地沿流溪河组织防御,利用北岸工事英勇抗击日军,战斗持续 12 天,击沉敌人汽艇、橡皮艇 20 多艘,击伤敌机 1 架,打死打伤日军 200 多人,此役史称"江高之役"。

11 月 16 日,日军山田部对蚌湖地区乡民施行炮击,并用刀砍、枪杀、剖腹等残酷手段,杀死 30 余人。海唇庄、草地庄及清河市头被烧成一片瓦砾。

是年,据《广州救亡时报》统计,日军空袭广州 7862 机次,造成 2272 人死亡。

1939 年

2 月，农工民主党成员司徒卫中、梅日新、杨实其等在帽峰山建立抗日游击队，曾突袭望岗岭日军据点，歼敌 10 余人，俘敌 8 人，缴获长、短枪 10 多支。

3 月 22 日，侵华日军围困禺北石井马岗村，将全村人抓到龚氏祠堂门前空地，用刺刀捅死 49 人，史称"马岗大屠杀"。

1940 年

10 月，国民党第七战区第四挺进纵队在中共党组织的支持下，在禺北帽峰山建立起武装基干队伍 100 人，团结友军，活跃于广从公路及李伯坳等地，经常伏击日军。

是年，日军在禺北辟建军用飞机场，强占新村、马市岭、集贤庄、磨刀坑等村良田 1600 多亩（107 公顷）。

1942 年

中共石边支部组织工余座谈会、工余剧社和工余夜校，宣传抗日，鼓励民众投身抗日。

1943 年

日军调动 8000 余人扫荡太和地区各村庄，村民被抓、烧、杀、打、吊及灌水者逾千人。

1945 年

9 月 2 日，中国人民抗日战争胜利。驻钟落潭滘湖的日军村田部和驻蟠龙约的竹花部缴械后，被送往广州市区集中营。

1949 年

2 月，禺北第一个新民主主义青年团团支部在南村成立。

3 月，中共禺北中心区委员会成立，徐幽明任书记。

5 月，中国共产党在帽峰山成立中共禺北独立区委，建立了广州市东北郊人民游击队，队长李汉光，副队长周伯尧、梅日新，政委由区委书记徐幽明兼任。游击队的党组织工作由陈明负责。并先后建立了上、下新村及扒沙井、石井、冼村、禺东、良田 7 个武工队，主要任务是组织群众开展武装斗争，迎接南下大军解放广州。

8 月，中共禺北办事处在江高镇江村成立。

10 月 13 日，中国人民解放军粤赣湘边纵队东江第三支队第六团进驻禺北江村，组织武装和筹粮支前。同日，广州东北郊人民游击队进驻沙河，随后与粤赣湘边纵队东江第三支队政工人员联合组成禺东接收委员会，积极开展接收工作。

10 月 14 日，人民解放军由北郊入城，广州解放。

10 月 15 日，中共广州市委决定成立市郊 7 个区的工作委员会和人民政府。曲战利任三元里区委书记兼区长。

1950 年

2 月 16 日，自称"剿共救国军司令"的陈六希纠集"狗肚明"（张镇明）、"菠萝鸡"（曾波）等数股土匪共 1400 多人，集结于松岗，分四路攻打九佛、棠下、竹山、高禾场，妄图摧毁凤凰乡刚建立起来的革命政权，消灭人民武装分队。乡政府获悉情况，及时通知人民解放军包围了松岗，土匪闻风逃窜。在追剿战斗中，消灭土匪数百人，解放军和武装分队伤亡 29 人，这是中华人民共和国成立初期有名的"松岗事件"。

3 月 28 日，中国人民解放军粤赣湘边纵队文工团员庄鎏、张冰、郑云等到龙塘村宣传征粮，被埋伏的匪徒开枪击伤并掳走，备受严刑毒打，最后英勇牺牲。后竹料区政府建起一座纪念碑亭，将三烈士事迹刻于碑上。是月，禺北区委成立剿匪工作委员会，区委书记李汉光为主任，开展清匪反霸运动。一个多月，捕获土匪恶霸 100 多名，其中土匪"副司令"张斯玲被俘，匪首曾洪洲携械投降，缴获机枪数挺、长枪 1000 多支、短枪 9 支和其他军用品一批。

7 月 29 日，广州市政府决定成立郊区办事处，作为市政府派出机关，统管郊区的行政事务。

8 月，中共广州市委决定成立郊区工作委员会，与郊区办事处合署办公。工委书记是萧桂昌，办事处主任是杨左生。

9 月 14 日，广州市政府在三元里村南面山冈上兴建抗英纪念碑，正面镌刻着"一八四一年广东人民在三元里反对英帝国主义侵略斗争中牺牲的烈士永垂不朽"34 个镏金大字。

12 月 15 日，市郊各区在 66 个乡开展土地改革运动，至翌年 3 月下旬结束，共没收征收地主、富农土地 20.96 万亩（1.4 万公顷），分给无地、少地的农民。

1952 年

1 月 3 日，广州市郊白云区政府开展"三反"运动和增产节约运动。

7 月 30 日，禺东、禺北 74 个乡开展土地改革运动，至同年 11 月 5 日结束。共没收、征收地主、富农土地 16.29 万亩（1.09 万公顷），余粮 10.13 万吨，耕牛 1879 头，农具 10.76 万件，分给贫苦农民，改善了贫农的生活条件，废除了封建的生产关系，提高了农民的生产积极性。

9月，中国人民解放军广州市郊区人民武装部成立，隶属中南军区广东武装工作部和中共广州市委、市人民政府领导，主管广州市郊区的民兵和征兵工作。下辖白云、新滘、西村、芳村4个基层武装部。

1953 年

3月14日，市郊各区统一行动，取缔"一贯道""先天道"等反动会道门组织。

6月30日，市郊各区开展基层普选工作，由人民群众直接选举人民代表。

1954 年

7月2日，郊区以白云、新滘、黄埔3个小区为单位召开第一届人民代表大会第一次会议，贯彻中华人民共和国宪法草案，动员干部群众开展以互助合作为中心的农业生产活动。

10月10日，中共广州市委决定成立郊区委员会，直接领导白云、新滘、黄埔3个区。任命崔金印为郊委书记，杨焕章为第二书记，杨左生为副书记，杨焕章兼纪检会书记，王永新为副书记。

12月，郊区人民武装部扩编为广州市兵役局，下辖白云、新滘、西村、黄埔区4个兵役局。

1955 年

6月19日，郊区党委发出关于贯彻粮食"三定"工作的指示：要求各级党委成立"三定"办公室，按照"少购少销，只购余粮，不购口粮"和"吃饱不浪费，户户核实，合理供应"的方针，结合郊区实际，搞好"三定"工作。

6月22日，郊区白云、新滘、黄埔3个区分别召开第一届人民代表大会第二次会议，白云区选出人民委员会委员13名，区长梁铭，副区长杨养源。

9月20日，郊委召开第二次干部大会，崔金印书记作《武装干部思想，安心农村工作，投入合作化运动的大风暴》的报告，市委副书记朱光作《迎接合作化运动的大高潮》的讲话。

1956 年

5月20日，中共广州市郊委第一次代表大会在沙河召开。

6月25日，根据市人民委员会第18次会议决定，撤销白云、黄埔、新滘3个区和市人委郊区办事处，成立郊区人民委员会，由杨左生任区长。原来3个区的57个乡、10个镇调整为16个乡、2个镇、3个街道办事处，全区管辖面积为314.91平方千米。

10月15日，郊区召开第二届人民代表大会第一次会议。

12月，广州郊区妇女联合会成立。

1957 年

7月24日，郊区党委发出关于整风运动通知，强调这次整风运动的目的是以毛泽东主席的两个报告为指导思想，学会正确处理人民内部矛盾，加强党内外团结，深入开展增产节约运动，保证农业生产大丰收。

12月2日，郊区党委机关报《穗郊小报》创刊，1958年3月4日易名为《穗郊农民报》，至1960年5月底停办。

1958 年

1月1日，中共广东省委、省人委将番禺县北郊的17个乡、1个镇和增城4个农业社划入郊区管辖。郊区面积增加了近800

平方千米，人口增加了 32 万多人。市委任命侯采苓为郊委第一书记，杨左生、王永新、边六群、张佩道为书记。

4 月 30 日，郊区主要领导与省、市领导一起陪同毛泽东主席视察黄埔棠下农业生产合作社。

5 月 7 日，郊区召开第三届人民代表大会第一次会议。会议听取人民委员会工作报告，选举区长、副区长、人民委员会委员，听取区人民委员会作关于禺北、禺东划入广州市郊区和区、乡、镇第三届人民代表大会代表选举工作的情况汇报。

8 月 26 日，郊区党委第 77 次常委会议决定，将全区 24 个乡、1 个镇、158 个农业社合并为 12 个人民公社（萝岗、黄埔、沙河、新滘、鹤洞、三元里、石井、江村、太和、人和、竹料、钟落潭）。

11 月 28 日，郊区区委书记杨左生随周恩来总理陪同朝鲜首相金日成参观了黄埔公社棠下大队。

12 月 16 日，郊区党委在全区开展整社运动。

1959 年

1 月，广州市郊区由现役军人组成的广州市郊区人民武装部成立。

8 月 21 日，郊区召开第三届人民代表大会第二次会议。会议选出马尔骥为区长，李益亮、叶树、关自雄、曹瑞洪为副区长。

1960 年

5 月 20 日，根据中共广州市委决定，撤销郊区建制，成立黄埔、芳村、江村、良田 4 个相当于区一级规模的人民公社。

是月，郊区人民武装部分编为江村、芳村、黄埔 3 个人民武装部。

1962 年

5 月 11 日，中共广州市委、市人委决定，将芳村、江村、黄埔 3 个区重新合并为一个郊区，再次组建中共广州市郊区委员会和郊区人民委员会。

是月，江村、芳村、黄埔 3 个人民武装部合并，重新组成郊区人民武装部，由人民解放军建制改为地方建制，名为广州市郊区人民武装部，隶属广州警备区及中共广州市委、市人委领导。

8 月 18 日，中共广州郊区监察委员会成立，委员 7 人，监委书记刘振亚，副书记陆康、林洁。

8 月 26 日，郊区召开第四届人民代表大会第二次会议。会议听取和通过马尔骁作的政府工作报告。会议补选马尔骁为区长，叶树余、燕广金、郑杰臣、方纯仁、李文明、曹瑞洪为副区长。

12 月 11 日，郊区经过调整社队规模后，全区从 27 个公社、491 个生产大队合并为三元里、石井、鹤洞、新滘、沙河、黄埔、江村、人和、石龙、太和、竹料、钟落潭、九佛、萝岗 14 个公社、208 个大队。

12 月 13 日，郊区召开第五届人民代表大会第一次会议。会议听取和通过马尔骁作的政府工作报告以及法院的工作报告。会议选出区人民委员会委员 20 人，区长为马尔骁，副区长为叶树余、燕广金、郑杰臣、方纯仁、李文明、曹瑞洪，法院院长吕新寿。选举出席广州市第五届人民代表大会代表 95 人。

1963 年

12 月 12 日，郊区召开第五届人民代表大会第二次会议。会议听取和审查了区人民委员会工作报告，讨论决定 1964 年的工作任务。

1964 年

4 月 19 日，郊区召开第五届人民代表大会第三次会议。会议听取和审查了区人民委员会工作报告，补选王子华为副区长。

8 月 10 日，郊区党委召开全体（扩大）会议，传达中央工作会议和省党代会的精神，部署郊区农村开展"四清"和城镇开展"五反"运动等工作。

1965 年

1 月 6 日，郊区第六届人民代表大会第一次会议在省财贸干校礼堂召开，出席会议代表 328 人，列席 36 人。会议选出区人民委员会委员 27 人，区长为马尔骁，副区长为王子华、燕广金、郑杰臣、方纯仁、李文明、曹瑞洪。选举出席广州市第六届人民代表大会代表 101 人。

2 月 11 日，广州市农委通知，经中共广州市委同意，在王永新参加"四清"运动期间由马尔骁代理郊区党委书记工作。

4 月，中共广州市委决定，人和、石龙、江村等公社及江高镇、雅瑶农场划归花县管辖。

6 月，李宗仁在中南局第一书记陶铸的陪同下参观石井夏茅卫生村。

7 月 15 日，由于郊区机关三分之二以上干部参加"四清"运动，区委决定将区委各部委、人委各科室按工作性质合署办公。

1966 年

5 月 16 日，郊区全面开展"文化大革命"运动。

10 月 26 日，郊区人委成立"破四旧"领导小组，由王子华任组长，江邦任副组长兼"破四旧"办公室主任。

1967 年

1 月 11 日，中共广州市委决定，人和、石龙、江村 3 个公社及雅瑶农场、江高镇从花县划回郊区管辖。

3 月 15 日，郊区实行军事管制，军事管制委员会（简称"军管会"）主任刘彪，副主任高连清、葛龙河。

3 月 21 日，郊区军管会发出《关于立即行动，认真抓好当前生产几个关键问题的通知》。

8 月，郊区公安、检察、法院 3 个军管小组合并为郊区公安机关军管小组。

1968 年

3 月 13 日，郊区革命委员会（简称"革委会"）成立，取代了原郊区人民委员会的职能。区革委会委员 60 人，常委 15 人，主任为丘一夫，副主任为吕刚、葛龙河、马尔骁、钟叙本。随后，区属单位相继成立革委会。

3 月 18 日，郊区革委会召开第一次全体委员会议，分别通过了《关于更加广泛、深入地开展活学活用毛泽东思想伟大群众运动的决定》《关于立即开展"五大"活动，热烈纪念毛主席最新指示发表半周年的决定》《关于实现革命化的规定》。

1969 年

1 月 3 日，郊区革委会召开有 500 多人参加的生产会议，贯彻省革委会生产会议精神，解决政治与生产的关系，落实"以粮为纲、全面发展"的方针。

3 月 20 日，郊区革委会召开郊区第一届活学活用毛泽东思想积极分子和先进单位代表大会。

12 月 18 日，郊区革委会在省体育场召开全区万人大会，丘一夫作《鼓足干劲，力争上游，为实现明年革命、生产大跃进而奋斗》的报告。石龙公社革委会等单位在会上作了发言。

1971 年

2 月，人和（东风）、竹料（东方红）等 7 个公社首批开展"斗批改"，进行"割资本主义尾巴"的路线教育运动。

5 月 27—31 日，郊区第二次党员代表大会在河南鹭江市工交干校召开。会议通过丘一夫代表上届区委所作的工作报告，选举产生第二届区委委员、候补委员。选举出席省、市党代会代表 67 人。

1972 年

1 月 7 日，郊区党委转发中共广东省委决定，任命周森为郊区革委会副主任。4 月 23 日，召开共青团郊区第二次代表大会，会议选出了 41 名委员，4 名候补委员。7 月 5 日，郊区党委转发中共广东省委决定，任命王子华为郊区革委会副主任。

7 月 24 日，郊区党委转发市革委会通知，任命梁秀珍、钟叙本为郊区革委会副主任。7 月 31 日，郊区党委转发中共广东省委决定，任命张玉琦为郊区党委副书记。11 月，广州市郊区人民法院恢复办公。

1973 年

1 月 19 日，扎伊尔共和国总统蒙博托和夫人及随行人员由外交部副部长何英陪同，参观了萝岗人民公社水果加工厂、卫生院、望梅亭。

2 月 18 日，郊区革委会召开第 14 次全委（扩大）会议，丘一夫作《关于 1972 年的基本情况和 1973 年的主要任务》的报告。

3 月 13 日，郊区党委调整了区级机关机构，撤销办事组、政工组、生产组、保卫组，调整为三部、六室、三委、一校。区属下设 22 个局（社、行、委），按业务建立科（室）。区一级机构由原来的 51 个减为 40 个。

是月，郊区公安分局和下属公安派出所恢复正常工作。

4 月 2 日，中共广州市委转发广东省委文件，任命张玉琦为郊区党委书记、革委会主任。

5 月 11 日，郊区黄埔公社划出横沙等 7 个大队，归新成立的广州市黄埔区管辖，原黄埔公社改名为东圃公社。

5 月 30 日，中共广州市委转发广东省委任免通知，周森任郊区党委副书记，秦成业、徐锡泉、吴振荣任郊区革委会副主任。

6 月，原广州市物资管理局郊区供应站升格为郊区物资管理局，负责郊区生产资料市场管理、货源组织和供应。

10 月 11 日，郊区党委实行集体领导下的委员分工责任制，公社设办公室、政治处、农业办公室、工交办公室、文教办公室，居民较多的近郊公社可增设居民办公室。

12 月 14 日，尼泊尔国王比兰德拉在广州市委书记焦林义和郊区革委会副主任马尔骧的陪同下参观了水口水库。

1974 年

5 月 2 日，郊区党委决定成立区"批林批孔"运动办公室，由李治元任主任，孔宪邦、陆康、张汉标任副主任。办公室下设综合组、机关组、农林组。

5 月 24 日，郊区党委在中山纪念堂召开有 5000 多人参加的揭发批判大会。

是日，英国前首相希思一行 25 人到萝岗人民医院参观访问。

10 月 25 日，丹麦首相保罗·哈特在区党委书记、革委会主任张玉琦的陪同下到萝岗公社参观。

12 月 23 日，郊区党委召开电话会议，传达省电话会议精神，部署郊区农田基本建设工作。

1976 年

2 月 28 日，美国总统尼克松在郊区革委会副主任马尔骧、苏满容的陪同下参观了人和公社秀水大队和公社养鸡场。

10 月 16 日，郊区党委召开农村三级干部会议，传达中共中央关于华国锋任职以及粉碎江青反革命集团的经过的文件。

1977 年

7 月 23 日，郊区各公社、大队庆祝十届三中全会胜利召开，并选派贫下中农代表参加省、市在越秀山举行的庆祝大会。

8 月 6 日，郊区党委召开现场会，推广西郊大队学大寨的经验。

8 月 21 日，郊区党委举行庆祝大会，庆祝中共十一大和十一届一中全会的胜利召开，会后组织上街游行。

1978 年

2 月 13 日，郊区党委召开部、委、办负责人会议，宣布了市委的决定：吕刚任郊区党委第一书记，张玉琦调广州市农委工作。

4 月 15 日，广东省委第二书记习仲勋在广州市委副书记杨毅、郊委书记吕刚的陪同下，先后到夏茅、三元里、联星、凤和、岑村大队检查工作，并作指示。

5 月 1 日，近郊 16 个农贸市场重新开放。

5 月 22 日，郊区档案馆成立。

7月11日，郊区人民检察院重新组建。

8月5日，郊区党委常委学习贯彻中共中央组织部部长胡耀邦的讲话精神，研究郊区落实干部政策问题，决定成立区清查办公室。

8月29日，郊委书记吕刚深入望岗四队总结了"包工到人，按件计酬，加大采摘工分"的生产责任制，并在果区、粮区推广联产责任制，在部分困难队实行包产到户或大包干，允许鱼塘、零星果树投标，划出部分山地给社员作自留地，鼓励社员大养"三鸟"（鸡、鸭、鹅）、生猪，劳动致富。

12月15日，郊区召开科技大会，传达贯彻全国科学大会精神，号召向科学技术现代化进军，建立和健全全区科技网络。

1980 年

1月4日，郊区党委先后发出关于同意钟落潭、新滘、太和、石井、竹料、东圃、九佛、鹤洞、江村、三元里、萝岗、沙河、人和、石龙等公社召开新一届党代会的通知。

是月，郊区文化局属下的文艺刊物《花地》创刊（该刊于1990年1月停刊）。

3月26日，郊区革委会印发了1979年度受奖科技成果的通知。全区评出科技成果受奖项目40项，其中一等奖4项，二等奖14项，三等奖22项；在受奖项目中，农业占22项，工业占7项，医药文教占6项，粮食商业占4项，城建占1项。

6月21日，中共广州市委组织部同意成立郊区纪律检查委员会，委员9人。纪委书记为秦成业（兼），副书记为陆康、林洁。

1981 年

6月1日，矿泉街正式挂牌，管辖三元里、瑶台、王圣堂、沙涌南等村。

6月2日，郊区党委、区政府召开教育工作会议，传达中央和省、市委的有关指示精神，研究切实搞好普及小学教育、工农教育、青少年教育和儿童教育等问题，郊委书记吕刚讲话，区长陈耀基作会议总结。

10月，广州市郊区司法局成立。

11月，广州市郊区人事局成立。

1984 年

2月13日，郊区政府发出《关于郊区公社改区大队建乡的通知》，各公社改为区公所，各大队改为乡政府。

是日，郊区物资管理局转变为经济实体单位，更名为郊区物资总公司。

4月20日，区老干部局成立。

7月5日，中华人民共和国成立以来广州市第一间民办医院——广州益寿医院，在新市棠下开业。

7月24日，中共广州市委作出筹建天河区的决定。划出郊区辖下的沙河、东圃2个区公所和沙河、五山、车陂、员村4个行政街成立天河区。

是月，广州市郊区审计局正式成立。

1985 年

11月9日，郊区党委、区政府联合发出《关于改革教育体制，发展教育事业的决定》，率先实行"分级办学，分级管理"，大大调动了镇、村和广大群众的办学积极性，使全区教育事业得到快速发展。

1986 年

12 月 12 日，省政府对郊区关于撤销区公所设置镇建制的报告作出批复，各区公所改为镇政府，各乡政府改为村民委员会。

是年，全区在"文化大革命"期间被挤占的侨房全部退还产权给业主，有 99% 退还使用权。

1987 年

1 月 23 日，经国务院批准，郊区更名为白云区，列入城区建制。郊区武装部更名为白云区武装部。

是月，建立三元里街，管辖三元里村及 6 个居民委员会。

3 月 23 日，区党委召开第五次党员代表大会，选出第五届区委委员 28 人，候补委员 5 人，区委常委 10 人；区委书记李治元，副书记王志友、苏德深、陈年伟。选出区纪委委员 15 人，区纪委常委 5 人；纪委书记陈流垣，副书记何国邦、冼文升。会议通过了《关于加强社会主义精神文明建设的决定》。

8 月 18 日，广州市白云区海外联谊会成立。

是月，天河区同和镇及其所属的行政区域范围划归白云区管辖。

1988 年

5 月，白云区开始组建景泰街，其辖地包括景泰、广园、云苑、云西、云东等居民新村，并负责管理柯子岭居民。次年 10 月 9 日举行成立典礼。

6 月 1 日，白云区 13 个镇列为珠江三角洲经济开发区重点工业卫星镇，享受中央和省有关规定的优惠政策待遇。

1989 年

1 月，由石井镇划出大坦沙岛及螺溪村建立松洲街，管辖螺溪、坦尾、河沙 3 个行政村。

2 月 27 日，区委五届六次全体扩大会议召开。

1990 年

11 月 7 日，白云区石井镇荣获"中国乡镇百颗星"称号。

1991 年

4 月 11 日，广州市机场路扩建征地、拆迁工作完成。

5 月 18 日，江村家禽企业发展公司成立，标志着"江高体系"进一步完善和发展。

9 月 29 日，白云区第一座村办公园——濂溪公园，在龙归镇南村举行奠基仪式。

10 月 29 日，广州市第一座镇级公园——江高公园开放迎接游人。该园坐落流溪河上的江心洲上，占地面积 4.2 万平方米。

11 月 8 日，香港穗郊同乡会成立，是日在港举行隆重的庆典，白云区主要领导到场祝贺。

1992 年

2 月 27 日，白云区召开表彰大会，表彰 7 个"两个文明"建设标兵单位、80 个文明单位、14 个最佳服务单位、28 个军警民共建先进单位、2 个"双拥"工作先进单位、59 名文明市民以及 236 个先进单位和 345 名先进个人。

3 月 24 日，白云区国土局成立。

5 月 15 日，白云区首届运动会开赛，参赛运动员达 3888 人。

1993 年

3 月 18 日，白云区第一个股份公司——白云水泥股份有限公司正式挂牌。

1994 年

3 月 8 日，广从一级公路改造工程白云区段通车典礼在永泰收费站前举行。

6 月 4 日，经中共广东省委、省政府、省军区决定，白云区被授予"双拥模范区"称号。

7 月 29 日，经广东省教育厅的中、小学等级评估，白云区的培英中学、京溪小学、广园小学被评为省一级学校。

8 月 1 日，中共白云区委、区政府作出《关于命名"白云区科普先进村"的决定》，授予神山镇井岗村，石井镇沙凤村，人和镇方石村，江高镇南岗村、大龙头村，太和镇沙亭岗村，蚌湖镇蚌湖村、西湖村、南方村，雅瑶镇邝家庄村 10 个村以"科普先进村"称号。

9 月 10 日，白云区召开推进产权制度改革，加快企业转制动员大会。

12 月 3 日，广州市白云区国家税务局、广州市白云区地方税务局挂牌成立。

12 月 22 日，区委决定成立中共白云区同德街委员会。

1995 年

1 月 9 日，白云区竹料康宝肥料厂的"康宝肥"及白云医用胶总公司的"508 医用胶系列产品"在中国科协、国家科委、中国科学院、国家外国专家局联合主办的全国第二届科技人才技术交流大会上，获得优秀科技产品金奖。

3月16日，成立中国国际商会广州白云区商会、中国国际贸易促进会广州白云区支会、广州白云区外商投资企业协会。

4月4日，区委在江高公园举行禺北民众抗日纪念亭奠基仪式。

4月15日，良田镇成立。下辖原属竹料镇的安平、良田、白沙、金盆、光明、华坑、沙田7个行政村和良田居民委员会。

8月28日，区委、区政府发出《关于命名我区爱国主义教育基地的决定》，命名三元里抗英斗争纪念馆及纪念公园、禺北民众抗日纪念亭、龙塘三烈士纪念亭、九佛竹山窿七烈士纪念碑和人和明兴高科技农业基地等为爱国主义教育基地。

9月25日，区委决定在各镇、街设立监察室。

11月1日，区委、区人大、区政府、区政协、区纪委及有关部、委、办、局，分批迁往政通路28号大院办公。

12月20—22日，白云区在广园中路区机关新址举行白云区招商会。前来参加开幕式的有省、市领导及兄弟县（市）、区领导，以及港、澳、台工商界人士共4000多人。签署了利用外资合同15个，合同利用外资1.23亿美元。

12月30日，白云区完成了有关土地改革、"文化大革命"期间被挤占的侨房落实政策的任务，全区共清退侨房建筑面积1463万平方米。

1996 年

1月18日，区委七届五次全体（扩大）会议在区会议中心举行。

4月1日，广州市白云区老年干部大学成立。梁淇江、吕刚任名誉校长，阮志远任校长，容秉光任常务副校长。

5 月 8 日，白云区首个私营企业党组织——新运实业有限公司党支部成立。

6 月 12 日，白云区首个行政村党委——石井镇庆丰村党委正式选举产生。

7 月 14 日，江高镇被省、市批准为"小城镇综合改革试点镇"，是全省 26 个综合改革试点小城镇之一。

1997 年

5 月 1 日，评选产生白云区第一批区级劳动模范与 1994—1996 年度区先进集体、先进劳动者。左德献、邓捷、扬守华、卢昌钱、桂冲、胡明聪、刘群英、苏伯炉、欧显华、庄宏被评为区首批劳动模范；培英中学、同和镇派出所、白云城市建设开发有限公司、广州电热设备厂、白云区公路管理站、区卫生局、市容环境卫生局第二保洁新广源组 7 个单位被评为区先进集体；陈家庆、郑丽铭等 440 人被评为区先进劳动者。

10 月 9 日，新广花公路开通。

1998 年

1 月 15 日，香雪制药股份有限公司宣告成立。

3 月 25 日，历时 3 天的中共广州市白云区第八次代表大会闭幕。大会回顾总结第七届区委五年的工作，提出今后五年的奋斗目标和任务。选举产生第八届区委和区纪委。

4 月 8—12 日，白云区第六届政协第一次会议在区机关会议中心召开。张应森当选为区政协主席，程建华、钟爱民、庾燮华、黄振业、李秉雄、马智梅、罗淦祥为副主席。

4 月 9—15 日，白云区第十二届人民代表大会第一次会议在华南建设学院西院礼堂召开。梁淇江当选为区人大常委会主任，陈瑞珍、龙惠聪、卫纪銮、潘协义为副主任；陈耀光当选为区长，张伟成、袁顺珍、曾建伟、潘史扬、陈家庆、陶镇广为副区长。

1999 年

1月4日，白云区深化城市管理体制改革领导小组成立。组长梁淇江，常务副组长陈耀光，副组长邝振标、张伟成，成员由陈荫雄等13人组成。

10月26日，根据中共广州市委、市政府决定，组建广州高新技术产业开发区民营科技园管理委员会。

2000 年

3月14日，广州市白云区"三讲"教育领导小组成立，组长杨育铨，第一副组长邝振标，常务副组长李瑾。

4月27—28日，经广东省人民政府批准，同意设立棠景、新景、黄石街办事处。

9月，原广州市农工商集团公司12个村民委员会移交白云区管理。

11月，西郊、河沙、坦尾村划入荔湾区。

2001 年

6月29日，白云区第十二届人大常委会第25次会议决定同意调整白云区镇街行政区划，设立4个中心镇：江高镇、人和镇、太和镇、钟落潭镇。

是月，撤销同和镇，成立同和街、京溪街、永平街。

7月11日，坐落在白云区白云大道旁、白云山下的新广州体育馆正式投入使用。

11月2日，经广东省林业局批复，同意建立广州市帽峰山省级森林公园。

2002 年

4 月，将新市镇改为嘉禾街，同时撤销新市镇；将石井镇改为石井街，同时撤销石井镇。

8 月 7 日，广州市江丰实业有限公司被确定为第一批国家级科技创新型星火龙头企业。

9 月 26 日起，雅瑶镇划归花都区管辖。

2003 年

3 月 17—19 日，白云区第九次党员代表大会召开。

4 月 20—24 日，政协广州市白云区第七届委员会第一次会议召开。

4 月 22—26 日，白云区第十三届人民代表大会第一次会议召开。

5 月，萝岗街移交广州经济技术开发区管委会管理。

11 月 12 日，全国首家以汽车零部件研发与产业化为主导的国家级高新技术孵化器"广州 863 产业促进中心"，在广州高新技术开发区民营科技园开始动工。

2004 年

2 月 9—10 日，中共白云区委九届三次全会在区机关会议中心召开。

3 月 15—17 日，政协广州市白云区第七届委员会第二次会议召开。

3 月 16—20 日，白云区第十三届人民代表大会第二次会议召开。

6月10日，江高镇、太和镇、钟落潭镇分别召开成立大会，人和镇召开干部大会。

7月13日，白云机场拉开了搬迁的序幕。

12月14日，白云电气集团、白云化工实业有限公司、江丰实业有限公司、采诗化妆品有限公司、维高集团有限公司、珠江电信设备有限公司、欧派橱柜企业有限公司、广高高压电器有限公司、数控设备有限公司、广东铝业有限公司10家企业荣获"广州市百强民营企业"。

12月30日，白云区召开深化政府机构改革动员会。

2005 年

3月6—8日，政协广州市白云区第七届委员会第三次会议召开。

3月7—11日，白云区第十三届人民代表大会第三次会议召开。区长欧阳知代表本届政府向大会作政府工作报告。

6月，《白云年鉴（2004）》创刊出版。

7月29日，广州市委、市政府在东方宾馆举行了部分行政区划调整交接仪式。白云区区长欧阳知分别与新越秀区筹备组代表、萝岗区筹备组代表签署了矿泉街、钟落潭镇九佛片行政区划调整交接协议书。根据协议内容，凡涉及行政区划调整的有关区和县级市，从8月1日零时起，对经济、社会行政管理事务进行整体交接。

是月，钟落潭镇九佛片（原九佛镇）划归新成立的萝岗区管辖，矿泉街划归越秀区管辖。

10月28日，白云区举行文化活动中心揭幕暨文化活动周启动仪式。

11月10日，竹料三烈士——庄鎏、郑云、张冰的家属以及粤湘赣边纵文工团的老同志一行 50 多人来到钟落潭镇竹料管理区的三烈士纪念碑前敬献鲜花，缅怀亲人、战友。

2006 年

1 月 12—13 日，中共白云区委九届七次全会在区机关会议中心召开。

3 月 1—3 日，政协广州市白云区第七届委员会第四次会议召开。

3 月 26 日，白云区第十三届人民代表大会第四次会议召开。

10 月 23—25 日，白云区第十次党员代表大会召开。

11 月 22—25 日，政协广州市白云区第八届委员会第一次会议召开。

11 月 23—28 日，白云区第十四届人民代表大会第一次会议召开。

12 月 22 日，白云区举行白云湖开工典礼。

2007 年

3 月 12—14 日，政协广州市白云区第八届委员会第二次会议召开。

3 月 13—15 日，白云区第十四届人民代表大会第二次会议召开。

7 月 27 日，白云区 3 个社会主义新农村绿化建设项目——蓼江公园、鹤岗公园和龙塘公园通过竣工验收。

2008 年

1 月 18 日，区委召开十届三次全会，深入贯彻党的十七大精神，总结 2007 年工作，部署 2008 年任务。

3月2—5日，政协广州市白云区第八届委员会第三次会议召开。

3月3—6日，白云区第十四届人民代表大会第三次会议召开。

5月30日，广东省机场管理集团公司与白云区政府签署战略合作框架协议，共同推进空港经济的发展。

7月7日，中共白云区委十届四次全会在区机关会议中心召开。

2009 年

1月15日，区委召开十届五次全会。

3月9—12日，政协广州市白云区第八届委员会第四次会议在区文化中心以及区会议中心召开。

3月10—13日，白云区第十四届人民代表大会第四次会议在广州城市职业学院礼堂召开。

8月17日，白云区政府和广州市商业银行联合在白云国际会议中心举行了"广州市白云区人民政府与广州市商业银行50亿元授信签约仪式"。

11月13日，世界城市和地方政府联合组织世界理事会会议暨广州国际友城大会在白云国际会议中心开幕。中共中央政治局常委、中央书记处书记国家副主席习近平，中共中央政治局委员、广东省委书记汪洋，广东省省长黄华华，中国人民对外友好协会会长陈昊苏，外交部副部长张志军，广东省委常委、广州市委书记朱小丹，广州市市长张广宁，以及60多个国家和地区的210多个城市和地方组织代表出席了大会。

11月21日，广东—独联体国际科技合作联盟成立大会在民科园召开。

2010 年

1 月 1 日，2010 年中央电视台元旦晚会在白云国际会议中心广场跨零点举办。

1 月 20—21 日，区委召开十届七次全会。

3 月 8—11 日，政协广州市白云区第八届委员会第五次会议召开。

3 月 9—12 日，白云区第十四届人民代表大会第五次会议召开。

11 月 8 日，第 16 届亚运会火炬传递广州白云区活动在白云国际会议中心举行。

11 月 12 日，第 16 届亚运会在广州开幕，白云区有广州体育馆、划船中心静水赛区、激流回旋赛区 3 个亚运场馆。

12 月 10 日，白云区召开专题会议动员部署全区村、社区"两委"换届选举工作。

12 月 17 日，广州白云万达广场盛大开业。

2011 年

3 月 14—17 日，政协广州市白云区第八届委员会第六次会议召开。

3 月 15—18 日，白云区第十四届人民代表大会第六次会议召开。

6 月 10 日，广州白云绿地中心在白云新城正式奠基。

9 月 25—27 日，白云区第十一次党员代表大会在广州城市职业学院大会礼堂召开。

10 月 17 日，由国家图书馆、广东省立中山图书馆、白云区委宣传部、白云区文化广电新闻出版局、广州城市职业学院图书馆等联合主办的"东方的觉醒——纪念辛亥革命一百周年历史图片展",在白云文化活动中心举行。

10月30日至11月3日,政协广州市白云区第九届委员会第一次会议召开。

10月31日至11月4日,白云区第十五届人民代表大会第一次会议召开。

2012 年

2月4日,国务院总理温家宝到白云区高镇水沥村和白云电气集团公司调研考察。

2月16日,广州市"三个重大突破"重点项目之一、位于太和镇穗丰村的500千伏木棉输变电站举行开工仪式。

3月20—22日,政协广州市白云区第九届委员会第二次会议召开。

3月21—23日,白云区第十五届人民代表大会第二次会议召开。

4月29日,同德围地区综合整治工程启动暨九项建设项目开工(奠基)仪式举行。

6月6日,白云区召开街道(转制社区)集体经济组织管理改革试点工作动员大会,正式启动区街道集体经济组织管理改革试点工作。

9月27日,区委召开十一届四次全会。

9月28日,首届白云火龙文化节暨南粤幸福活动周开幕。

9月29日,中共中央政治局委员、省委书记汪洋,省委副书记、省长朱小丹,省政协主席黄龙云,国家人力资源和社会保障部副部长杨志明出席全国第一家农民工博物馆和广州城市印记公园开馆典礼。

2013 年

3 月 4—6 日，政协广州市白云区第九届委员会第三次会议在白云国际会议中心召开。

3 月 4—8 日，白云区第十五届人民代表大会第三次会议在白云国际会议中心召开。

3 月 31 日，"白云时代"乒乓球世界冠军嘉年华暨创吉尼斯世界纪录乒乓球赛在广州体育馆开赛。

2014 年

3 月 24—27 日，政协广州市白云区第九届委员会第四次会议在白云国际会议中心召开。

3 月 25—28 日，白云区第十五届人民代表大会第四次会议在白云国际会议中心召开。

6 月 1 日，白云儿童公园正式开园。

10 月 13 日，区委召开全区党的群众路线教育实践活动总结大会。

12 月 2 日，落户白云区的首家低成本航空公司——九元航空有限公司正式开航。

12 月 28 日，同德围南北高架桥正式开通。

2015 年

1 月 6 日，国务院总理李克强考察白云区"三旧"改造试点项目——永泰村危旧房改造项目。

3 月 9—12 日，政协广州市白云区第九届委员会第五次会议在白云国际会议中心开幕。

3 月 10—13 日，白云区第十五届人民代表大会第五次会议在白云国际会议中心开幕。

7月30日，寮采村荣获"中国乡村旅游模范村"荣誉称号。

2016 年

3月7—10日，政协广州市白云区第九届委员会第六次会议在白云国际会议中心召开。

3月8—11日，白云区第十五届人民代表大会第六次会议在白云国际会议中心召开。

7月19日，区委召开十一届十次全会。

8月28日，广州市第一趟中欧班列从白云区大朗货场站开出。

9月18日，区委召开十一届十一次全会。

9月25日，白云区第十二次党员代表大会召开。

10月16日，中国东方航空广东分公司正式落户白云。

10月23—26日，政协广州市白云区第十届委员会第一次会议在白云国际会议中心召开。

10月24—28日，白云区第十六届人民代表大会第一次会议召开。

12月23日，区委召开十二届二次全会。

2017 年

2月28日，区委召开十二届三次全会。

3月16日，白云区召开领导干部大会，市委常委、组织部部长王世彤出席会议并讲话。市委组织部副部长蔡辉宣读了广东省委和广州市委关于白云区主要领导职务调整的决定：赵军明任白云区区委委员、常委、书记。

3月28日，2017年中国广州国际投资年会在白云国际会议中心举行。

4月11—13日，政协广州市白云区第十届委员会第二次会议在白云国际会议中心召开。

4月11—14日，白云区第十六届人民代表大会第二次会议在白云国际会议中心召开。

8月12日，白云区与华为技术有限公司签署了云计算产业战略合作协议。

9月26日，全国首个空港文旅小镇在人和镇凤和村奠基。

10月18日，全区22镇街各职能部门组织职工收听收看了党的十九大开幕式。

11月22日，广州铁路集装箱中心站项目征地协议签署仪式在白云区举行，江高镇政府与6位村代表一次性签订了项目征地补偿协议。

［1］广州市白云区地方志编纂委员会. 白云区志（1840—1995）［M］. 广州：广东人民出版社，2001：14 - 47，50 - 55，58 - 64，61 - 65，79 - 81，246 - 247，545 - 546，552 - 553，557 - 560，701 - 703，709，769，775 - 777，786，975.

［2］广州市白云区地方志编纂委员会. 白云区志（1996—2000）［M］. 广州：广东人民出版社，2012：7 - 19，20 - 26，204 - 206，462 - 464.

［3］白云年鉴编纂委员会. 白云年鉴 2017［M］. 广东：广东人民出版社，2018：59.

［4］广州市革命老根据地建设委员会办公室关于广州市人民政府评划解放战争游击区和补划抗日战争根据地村庄有关村庄名称的说明通知［E］. 1993 - 07 - 15.

［5］百度百科：羊城八景［OL］. https：//baike. baidu. com/item/％ E7％ BE％8A％ E5％9F％8E％ E5％85％ AB％ E6％99％ AF/305047？fr = aladdin.

［6］中共广州市白云区委组织部，中共广州市白云区委党史研究室，广州市白云区档案馆. 中国共产党广州市白云（郊）区组织史资料（1924. 5—1987. 12）［E］：6，22 - 26.

［7］中共广州市委党史研究室. 红棉花照英雄城——羊城红色诗词选读［M］. 广州：广州出版社，2018：4 - 7，18 -

19，98.

［8］陈淑娴. 闪耀红色光芒的石井兵工厂［N］. 白云时事，2016 - 06 - 22.

［9］朱江. 石井兵工厂——近代广东一间不寻常的工厂［OL］.（2010 - 05 - 02）http：//news. sina. com. cn/o/2010 - 05 - 02/134517454332s. shtml.

［10］中共广州市白云区委党史研究室. 中国共产党广州市白云区 78 年纪事（1923—2001）［E］：1 - 6，9 - 11，25 - 27.

［11］杨黛清. 白云区新时代讲习所揭牌成立［N］. 白云时事，2018 - 07 - 02.

［12］中共广东省委党史研究室. 中国共产党广东地方史（第一卷）［M］. 广州：广东人民出版社，1999：262 - 277.

［13］广东省老区建设促进会，中共广东省委党史研究室. 广东革命史迹选编［M］. 北京：世界图书出版公司，2013：28，29.

［14］广州市白云区军事志编纂委员会. 广州市白云区军事志（1840—2005）［E］：10 - 13，78 - 79，239 - 270，302 - 308.

［15］广州市白云区太和镇人民政府. 太和镇志［E］：131 - 139，141 - 143.

［16］陈捷. 广州白云区太和镇上千男丁曾遭日军灌水［N］. 南方都市报，2005 - 07 - 12.

［17］广州市政协文史资料委员会. 广州抗战纪实——广州文史第四十八辑［M］. 广州：广东人民出版社，1995：6 - 7.

［18］广州市政协文史资料委员会. 天地存肝胆——广州文史第五十六辑［M］. 广州：广东人民出版社，1999：12 - 15，22 - 27.

［19］何沛侃. 帽峰山风云［E］：61 - 65，78 - 81.

［20］中共广州市白云区委组织部，中共广州市白云区委党校，中共广州市白云区委党史研究室. 中国共产党广州市白云区（郊区）历史（第二卷）［M］. 北京：中共党史出版社，2011：1－13，15－76，106－152.

［21］陈淑娴. 太和地区的广州东北郊人民游击队［N］. 白云时事，2016－06－23.

［22］中共番禺市党史研究室. 解放战争时期禺东禺北革命斗争史实［E］：1－68.

［23］中共广州市委党史研究室. 亲历改革开放：广州改革开放30年口述史［M］. 广州：广州出版社，2008：9－14.

［24］刘喜冰. 双轮驱动，白云添上发展助推器［N］. 白云时事，2017－01－23.

［25］2012年白云区国民经济和社会发展统计公报［E］.

［26］白云区国民经济和社会发展第十二个五年规划纲要［E］.

［27］农村改革白云路径逐渐成型［OL］.（2016－02－16）http://www. gz. gov. cn/GZ61/gzdt/201602/f87ea218ae814b3cb55c993685078a09. shtml.

［28］政府工作报告——2016年4月21日在广州市白云区江高镇第十七届人民代表大会第十次会议上［E］.

［29］钟落潭镇改革开放以来的发展情况［E］.

［30］钟落潭镇13个5年规划［E］.

［31］石井街报送"十三五"规划材料［E］.

［32］太和镇国民经济和社会发展"十二五"规划纲要［E］.

［33］太和镇国民经济和社会发展第十三个五年规划纲要（草案）［E］.

［34］广州市白云区同和街"十三五"发展规划定稿［E］.

［35］同和街十二五工作规划［E］.

［36］白云年鉴 2016＞街镇＞同和街［OL］. http://219. 137. 166. 150/publicfiles/business/htmlfiles/daj/s43028/index. html? cateid＝43030.

［37］白云年鉴 2016＞街镇＞永平街［OL］. http://219. 137. 166. 150/publicfiles/business/htmlfiles/daj/s43028/index. html? cateid＝43030.

［38］白云年鉴 2009＞街镇＞永平街［OL］. http://219. 137. 166. 150/publicfiles/business/htmlfiles/daj/s32328/index. html? cateid＝40102.

［39］白云区国民经济和社会发展第十三个五年规划纲要［E］.

［40］白云区"1358"发展思路［E］.

［41］陈亮嘉. 产业发展支撑白云崛起［N］. 白云时事, 2018－01－03.

［42］陈亮嘉. "1358"打开白云通向未来之门［N］. 白云时事, 2017－12－13.

后记

　　在全国范围内进行的革命老区县发展史丛书组织编纂工作，反映了各地老区在党的领导下的革命斗争史、艰苦奋斗的创业史、建设发展的成就史，是对老区精神的时代价值的肯定。编纂好老区县发展史，是学习贯彻习近平总书记老区思想，继承革命传统，传承红色基因，投身于新时代中国特色社会主义事业的实际行动，具有深远的历史意义和重大的现实意义。

　　广州市白云区接到编写老区发展史的任务后，在广东省老区建设促进会、广州市白云区委的指导、支持下，迅速充实编写队伍的力量，多方搜集资料，深入调查实证，组织开展编写工作。在这个过程中，我们力求既保证翔实准确，又能写出可读性；既真实完整地记载历史，也展示区域发展壮阔的前景；既要符合国家与省的统一要求，更要鲜明地体现区域特色。

　　本书记述的时间范围原则上从 1924 年记述到 2017 年底。空间范围原则上以 2017 年白云区境域为限，根据不同时期的建置区划使用对应的区境表述，如禺北、北郊、郊区。附录的重要人物及烈士名单有两种情况：籍贯为现区境，在现区境或外地参加革命斗争及在其他领域做出重大贡献的；籍贯非现区境，在现区境内参加革命斗争的。

　　由于篇幅、档案资料所限，加上时间跨度大、牵涉面广，未能一一考究、记录，或有疏漏之处，敬请读者批评指正。

这部书的编写，得到了区内众多力量的支持，相关的部门、镇街踊跃向编写小组提供线索、档案资料，熟悉区情的专家学者、离退休干部更是热心地为本书编写出谋划策、提供建议。在此，特向支持本书编写出版工作的领导、专家、老同志及相关部门表示衷心的感谢！

编者

2020 年 5 月

广东人民出版社　党政精品图书

围绕中心，服务大局，做最具高度、深度和温度的主题出版物

中宣部主题出版重点出版物

《中华人民共和国通史》（七卷本）

· 全国第一部反映中华人民共和国70年光辉历程的多卷本通史性著作

· 中央党校、中央党史和文献研究院权威专家倾力打造

《账本里的中国》

一册册老账本，串起暖心回忆，讲述你我故事，体味民生变迁。

《全国革命老区县发展史丛书·广东卷》

· 挖掘广东120个革命地区的红色记忆

· 中国老区建设促进会牵头组织

《红色广东丛书》

· 广东省委宣传部重点主题出版

· 传承红色基因，弘扬革命精神

本书配有智能阅读助手，为您1V1定制

《广州市白云区革命老区发展史》阅读计划

帮助您实现"时间花得少，阅读体验好"的阅读目的

建 议 配 合 二 维 码 一 起 使 用 本 书

您可根据自己的学习需求，量身定制专属于您的阅读计划：

阅读服务方案	阅读时长指数	为您提供的资源类型	帮助您达到以下学习目的
1. 高效阅读	阅读频次 较低　每次时长 较短　总共耗费时长 ■■	总结类	快速学习和掌握红色精神。
2. 轻松阅读	阅读频次 较高　每次时长 适中　总共耗费时长 ■■■	基础类	简单了解革命老区的历史。
3. 深度阅读	阅读频次 较高　每次时长 较长　总共耗费时长 ■■■■	拓展类	继承和发扬红色精神，推动老区发展。

针对您选择的阅读计划，您可以享受以下权益：

立刻获得的主要权益

▶ **专享本书社群服务：** 提供创造价值与私密的深度共读服务，群内分享阅读干货，发起话题探讨

▶ **1套阅读工具：** 辅助您高效阅读本书，终身拥有

每周获得的主要权益

▶ **专属热点资讯：** 16周社科文学类资讯推送，每周2次

▶ **精选好书推荐：** 16周文学社科热门好书推荐，每周1次

长期获得的主要权益

线下读书活动推荐： 精选活动，扩充知识开拓视野
不少于1次

抢兑礼品： 免费抽取实物大礼
不少于2次限时抽奖

微信扫码

添加智能阅读助手

只需三步，获取以上所有权益：
1. 微信扫描二维码；
2. 添加智能阅读助手；
3. 获取本书权益，提高读书效率。

❶ 鉴于版本更新，部分文字和界面可能会有细微调整，敬请知悉。